ENCIC E LOS
DIN IOS
Y OTRAS TÓRICAS

Este libro ha sido creado por

David West ⚥ Children's Books

Diseñadores
Julie Joubinaux, Rob Shone
Ilustradores
Norma Burgin, Mark Dolby,
Graham Kennedy, Peter Komarnysky, Damian
Quayle, Neil Reed, Pete Roberts
(Allied Artists)
James Field, Terry Riley
(SGA)
Mike Atkinson, Chris Forsey, Rob Shone
Editor
James Pickering

Copyright © 2004 de la edición española:
Parragon
Traducción del inglés: Andrés Martínez
para Equipo de Edición, S.L., Barcelona
Redacción y maquetación:
Equipo de Edición, S.L., Barcelona

Impreso en China
Printed in China

ISBN 1-40543-375-2

ENCICLOPEDIA DE LOS
DINOSAURIOS
Y OTRAS CRIATURAS PREHISTÓRICAS

JOHN MALAM Y STEVE PARKER

ÍNDICE

CAPÍTULO SIETE
LOS MARES REBOSANTES DE VIDA

CAPÍTULO UNO

LOS ANTEPASADOS DE LOS DINOSAURIOS

La vida apareció por primera vez sobre la Tierra hace alrededor de 3.800 millones de años. A partir de las primeras formas de vida sencillas surgidas en los océanos, la vida se extendió paulatinamente hasta conquistar la tierra firme y el aire. Los seres vivos aprendieron a sobrevivir en los distintos hábitats del planeta, y en cada uno de ellos existían animales acondicionados especialmente a ese entorno. Uno de los grupos mejor adaptados fue el de los reptiles.

CARACTERÍSTICAS DE LOS REPTILES

Los reptiles son animales vertebrados, es decir, dotados de columna vertebral, que ponen huevos de cáscara dura, poseen piel escamosa y son de sangre fría (sus cuerpos se hallan a la misma temperatura que el entorno).

Dinosaurios: los mayores reptiles terrestres.

En tiempos de los dinosaurios, la Tierra era un lugar muy distinto al mundo que conocemos hoy. Esta escena muestra un paisaje de hace unos 100 millones de años. Una época en la que aparecieron las primeras plantas con flor y en la que robles, arces, nogales y hayas convivían con las coníferas, las cicadales y los helechos.

EL ANTIGUO DOMINIO DE LOS REPTILES

Hubo un tiempo, en el remoto pasado prehistórico, en el que los reptiles dominaron la Tierra. Esta época, la llamada Era Mesozoica, se prolongó a lo largo de unos 185 millones de años, desde 250 millones de años atrás hasta hace unos 65 millones de años. Mesozoico significa "vida media" y remite a una era intermedia situada entre otras dos, el Paleozoico ("vida antigua") y el Cenozoico ("vida reciente"), nuestra era

REPTILES PREHISTÓRICOS

Durante el Mesozoico, los reptiles dominaron la tierra, el mar y el aire. Otros grupos de animales, como los mamíferos, los peces y los insectos, convivían con ellos. El dominio de los reptiles a lo largo del Mesozoico hace que esta era de la historia terrestre también sea conocida con el nombre de Edad de los Reptiles. Los reptiles nadadores pertenecían al grupo de los plesiosaurios; los reptiles voladores, al de los pterosaurios; y, por último, los reptiles que poblaron tierra firme –y los más conocidos de todos ellos– reciben el nombre de dinosaurios.

Mientras los dinosaurios vagaban sobre tierra firme, sus parientes reptilianos dominaban el cielo y el mar. Los veloces pterosaurios volaban con sus alas de piel, y los aerodinámicos plesiosaurios, los pliosaurios y los pisciformes ictiosaurios surcaban los mares.

REPTILES MODERNOS

Tras el final de la Era Mesozoica, hace 65 millones de años, comenzó una nueva época en la Tierra, nuestra propia era, en la cual los mamíferos iniciaron su dominio actual. Muchas especies de reptiles –incluidos los dinosaurios– no sobrevivieron al Mesozoico; otras, como los cocodrilos, los lagartos, las tortugas y las serpientes, persisten en la actualidad.

En la actualidad existen alrededor de 6.000 especies de reptiles.

EL ORIGEN DE LOS REPTILES

Los primeros reptiles aparecieron sobre el planeta hace unos 300 millones de años. Estas nuevas especies de criaturas evolucionaron a partir de un grupo más primitivo de animales, los anfibios.

UNA DOBLE VIDA

La palabra *anfibio* significa "doble vida", y describe a un grupo de animales que pueden vivir tanto en el agua como en tierra firme. Los anfibios fueron los primeros vertebrados que desarrollaron extremidades en forma de patas, en lugar de aletas. Estas patas les permiten desplazarse por tierra y, gracias a las membranas interdigitales que poseen, también nadar. Aunque los anfibios pueden sobrevivir en tierra firme, deben pasar parte de su tiempo en el medio acuático. Al igual que las ranas y los tritones actuales, los primeros anfibios depositaban sus huevos, gelatinosos y blandos, en el agua. El abandono definitivo del medio acuático exigiría grandes cambios en sus cuerpos y en su modo de vida.

LA VIDA EN EL AGUA

Los antiguos anfibios debían enfrentarse a algunos inconvenientes ligados a su modo de vida acuático. Las crías (los renacuajos) nacían en el agua y muchas eran presa de depredadores, como peces o escorpiones acuáticos. Los adultos tampoco estaban exentos de estos peligros y, a fin de escapar de ellos, tuvieron que aprender a vivir alejados del agua, en tierra firme.

LA VIDA EN TIERRA FIRME

Dos grandes cambios ayudaron a los anfibios a abandonar definitivamente

EL PIE DE LOS ANFIBIOS

Aleta de pez **Pie de anfibio**

Los anfibios poseen extremidades adaptadas a su medio de vida. Los huesos de sus patas son distintos de las espinas que poseen los peces en sus aletas. Los huesos del pie de un anfibio se disponen en forma de dedos reconocibles (pulgar incluido), lo que les permite caminar, trepar y excavar el suelo. Los peces no pueden utilizar sus aletas de este modo.

el medio acuático. A lo largo de un período de tiempo muy largo, su piel, delgada y lisa, aumentó de grosor y se cubrió de escamas, características que evitan la desecación del cuerpo. El otro gran cambio simultáneo atañe a sus huevos, que comenzaron a estar cubiertos por una cáscara dura y a ser depositados en tierra firme (donde nacían sus crías) y no en el agua como hasta entonces. Estos animales fueron los primeros reptiles.

LOS ANFIBIOS MODERNOS

Las especies de anfibios que existen actualmente en la Tierra superan la cifra de 4.200 y se dividen en tres grupos: las ranas y los sapos, los tritones y las salamandras, y las cecilias (que viven en los trópicos). El tamaño de los anfibios oscila entre 1 cm de largo de las ranas diminutas y 1,5 m de longitud de algunas salamandras.

Los anfibios han poblado la Tierra durante los últimos 350 millones de años. Al igual que los peces, los reptiles, las aves y los mamíferos, los anfibios poseen columna vertebral, pero se diferencian de los otros grupos de vertebrados en que poseen una piel lisa y húmeda sin escamas, plumas o pelo. Los anfibios fueron los primeros tetrápodos –animales con cuatro extremidades– del planeta. Evolucionaron a partir de peces que poseían aletas óseas y carnosas, conocidas como lóbulos.

estaba adaptado a la vida en tierra firme. Sin embargo, no debió de pasar mucho tiempo en ella y, en su lugar, *Ichthyostega* desarrolló sus extremidades para poder trepar a las plantas que bordeaban los arroyos. Las extremidades, cortas y rígidas, posiblemente tuvieron un movimiento limitado y, para desplazarse sobre el suelo, tenía que impulsarse mediante las extremidades delanteras mientras arrastraba los miembros traseros.

Eogyrinus

EOGYRINUS

Carbonífero, 300 m.a.
Europa
4,6 m de longitud

Eogyrinus, uno de los mayores anfibios que han existido nunca, era un poderoso nadador que se desplazaba velozmente a través del agua agitando su larga cola. Pudo ser un depredador que cazara al acecho en aguas poco profundas, de forma muy similar a los cocodrilos actuales. Aunque probablemente estaba mejor adaptado para la caza en el agua, es posible que *Eogyrinus* atrapase también en tierra firme alguna presa desprevenida que se acercara demasiado a él.

ICHTHYOSTEGA

Devónico, 370 m.a.
Groenlandia
1,5 m de longitud

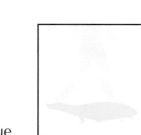

Esta criatura es uno de los primeros anfibios que poblaron la Tierra. Los científicos lo describen como un "pez con cuatro patas", porque la cabeza, el cuerpo y la cola se asemejan a los de un pez. Las cuatro extremidades dotadas de dedos con membranas demuestran que podía desplazarse sobre ellas, es decir, que

Ichthyostega

ERYOPS

Carbonífero
290 millones de años
Norteamérica
1,5 m de longitud

Eryops fue un anfibio de gran tamaño que pobló los pantanos y sus proximidades. Carnívoro dotado de un cuerpo macizo y cuatro extremidades cortas y robustas, su cola era corta y su cabeza ancha y alargada. Embutidos en sus fuertes mandíbulas, se disponían numerosos dientes afilados y con forma de colmillo, lo que indica que debía ser un depredador. Entre sus presas pudieron encontrarse peces, cucarachas gigantes, miriápodos, libélulas y pequeños anfibios y reptiles.

Eryops

Seymouria

SEYMOURIA

Pérmico, 280 m.a.
Norteamérica
60 cm de longitud

Seymouria fue un animal pequeño que pasaba la mayor parte del tiempo en tierra, como un reptil, pero que regresaba al agua para reproducirse, como un anfibio. Se desplazaba ondulando su columna vertebral de lado a lado. Las cortas extremidades delanteras demuestran que caminaba lentamente. Seymouria pudo tener una dieta mixta de vegetales y animales, lo que significa que era omnívoro. También podría tratarse de un carroñero, es decir, que pudo alimentarse de los restos de animales muertos por un depredador o debido a causas naturales.

ERYOPS – TORPE EN TIERRA

Eryops *fue uno de los primeros tetrápodos auténticos que poblaron la Tierra, capaz de caminar sobre tierra firme. Sin embargo, no era muy diestro. Las extremidades tenían que elevar su pesado cuerpo del suelo, pero, debido a su escasa longitud, no podrían alzarlo demasiado. Al desplazarse, debía de arrastrar su vientre por el suelo y, con esta postura corporal desgarbada, sólo podría dar pasos cortos y abiertos. Su andar sería lento y difícil, y probablemente no podría correr.* Eryops *pudo ser una criatura lenta y torpe en tierra, pero en el medio acuático debió de ser un buen nadador.*

Durante la época que precedió a la hegemonía de los reptiles sobre la Tierra, una gran diversidad de anfibios pobló el planeta. Todas las especies de anfibios desarrollaron características únicas, como las branquias del *Gerrothorax* adulto.

Diplocaulus

DIPLOCAULUS

Pérmico, 270 m.a.
Norteamérica
1 m de longitud
Con una silueta corporal muy similar a la de una salamandra actual, *Diplocaulus* poseía una cabeza triangular poco usual. Las "alas" de ambos lados de la cabeza podrían haber actuado como superficies hidrodinámicas, ayudándole a desplazarse "planeando" en el agua. También pudo utilizarlas como mecanismo de defensa –al hacer de él un bocado difícil de engullir o permitirle aparentar un mayor tamaño–, ahuyentando de ese modo a algunos depredadores.

MASTODONSAURUS

Triásico, 230 m.a.
Europa, África
4 m de longitud
Mastodonsaurus fue un anfibio enorme de cuerpo rechoncho y cola corta, dotado de un cráneo aplanado y macizo. El cráneo de un adulto maduro podía alcanzar 1,5 m de longitud. Sus mandíbulas albergaban dientes pequeños y afilados y un par de colmillos nacidos en la mandíbula inferior que atravesaban la mandíbula superior a través de unos orificios. Se cree que *Mastodonsaurus* se alimentaba exclusivamente de peces que atrapaba en los lagos, estanques y pantanos donde vivía.

Mastodonsaurus

PARACYCLOTOSAURUS

Triásico, 235 millones de años
Australia, India, Sudáfrica
2,3 m de longitud

Paracyclotosaurus fue un anfibio gigante dotado de un cuerpo aplanado similar al de una salamandra actual, pero mucho, mucho más grande. Aunque podía vivir en tierra, *Paracyclotosaurus* posiblemente pasó la mayor parte de su vida en el agua. Piscívoro, podría haber cazado sus presas al acecho, permaneciendo justo por debajo de la superficie del agua. Cuando un pez incauto se aproximaba lo suficiente para quedar al alcance de sus fauces, *Paracyclotosaurus* alzaba su enorme cabeza, abría la boca y lo succionaba. Los depredadores modernos, como los cocodrilos, emplean esta técnica para atrapar a algunas de sus presas.

Paracyclotosaurus

GERROTHORAX

Triásico, 210 m.a.
Europa, Escandinavia
1 m de longitud

Gerrothorax resulta inusual entre los anfibios primitivos debido a una característica particular: la conservación de las branquias durante la vida adulta. En otros anfibios, las branquias desaparecen en el proceso de metamorfosis que los conduce del estado larvario (renacuajo) al estado adulto. *Gerrothorax*, que se asemejaba a un gran renacuajo de cuerpo aplanado, era capaz de respirar bajo el agua a través de sus branquias. Con su cabeza amplia y rematada por dos ojos cercanos entre sí, pudo permanecer posado sobre el lecho de un lago o un río, observando el agua de encima a la espera de un pez que se aproximara lo suficiente como para cogerlo por sorpresa.

Gerrothorax

EL CICLO VITAL DE LOS ANFIBIOS

Los anfibios primitivos, al igual que las ranas y los tritones actuales, iniciaban su vida en el agua. Las larvas, conocidas como renacuajos, eclosionaban de huevos blandos y recubiertos de gelatina y tenían branquias. Primero desarrollaban las extremidades delanteras y luego las traseras. Los adultos perdían sus branquias y respiraban a través de pulmones, tanto en tierra como en el agua.

Acanthostega **era un tetrápodo primitivo, un animal dotado de cuatro extremidades con manos y dedos. Cuando se descubrieron los primeros restos fosilizados de este anfibio, se pensó que eran la prueba de que el desarrollo de las extremidades tuvo lugar para hacer posible el abandono del medio acuático, ya que sus miembros le permitían desplazarse por tierra. Sin embargo, un estudio más detallado de las extremidades de *Acanthostega* reveló que pasaba la mayor parte de su vida en el agua y no en tierra firme.**

TETRÁPODO PISCIFORME

Acanthostega reunía características de los peces y de los tetrápodos. Tenía una aleta caudal, narinas y branquias como los peces, pero también extremidades y pies como un tetrápodo.

COMO PEZ EN EL AGUA

Las extremidades de *Acanthostega* nos dan una pista sobre su modo de vida. Los miembros carecían de las articulaciones de la muñeca y el tobillo y, por consiguiente, se cree que eran demasiado débiles para soportar su peso fuera del agua. Por eso, quizás pasara la mayor parte del tiempo en ella, haciendo uso de sus extremidades a modo de remos para desplazarse. En aguas poco profundas, también pudiera haber sido capaz de emplear sus miembros para abrirse paso entre la vegetación. Su vientre, a diferencia del resto del cuerpo, poseía escamas, que, al igual que las de los restantes anfibios, eran lisas y suaves. Las escamas indican la posible necesidad de proteger su parte inferior, quizás cuando se arrastrara por tierra firme.

Un grupo de anfibios Acanthostega *nada en las aguas someras de un lago. Algunos cazan peces, otros se desplazan con torpeza sobre tierra para atrapar insectos. Una ristra de huevos flota en el agua, mientras un pez depredador se aproxima al grupo.*

LAS EXTREMIDADES DE ACANTHOSTEGA

Acanthostega *poseía extremidades largas rematadas por ocho dedos. Los pies eran palmeados, como los de los patos y los gansos actuales, lo que le ayudaría a desplazarse con soltura en el agua.*

FICHA DE ACANTHOSTEGA

Nombre: Acanthostega
Vivió: hace 370 millones de años
Localización: Groenlandia

Longitud: 60 cm
Dieta: peces, insectos
Hábitat: lagos y estanques

DIETA VARIADA

Los dientes de *Acanthostega* resultaban idóneos para atrapar peces y otros pequeños animales acuáticos, aunque también podría haber capturado pequeñas presas en tierra firme.

Los primeros reptiles aparecieron hace unos 350 ó 300 millones de años. Mientras las extremidades en forma de remo de sus antepasados anfibios sufrían un proceso de evolución continuo, que condujo a la aparición de extremidades dotadas de dedos, un cambio aún mayor se producía de forma simultánea, el desarrollo de huevos con cáscara dura. Éste fue el paso decisivo que permitió a los reptiles abandonar definitivamente el medio acuático; a partir de entonces, no se verían obligados a regresar al agua para depositar sus huevos y podrían iniciar la colonización del medio terrestre.

creen que *Westlothiana* no es un verdadero reptil sino más bien un anfibio. Por este motivo, se le conoce como "reptiliomorfo", una forma de reptil de la que evolucionaron los auténticos reptiles.

PETROLACOSAURUS
Carbonífero, 300 millones de años
Norteamérica
40 cm de longitud
Lagarto de porte elegante y esbelto, *Petrolacosaurus* es uno de los reptiles diápsidos más antiguos que se conocen. Los diápsidos eran un grupo de reptiles caracterizados por la presencia de dos aberturas a los lados del cráneo, localizadas justo detrás de los ojos, que servían de anclaje a algunos grupos de músculos. Los dinosaurios evolucionarían a partir de este tipo de reptiles. El aspecto de *Petrolacosaurus*, que recuerda al de los lagartos modernos, nos hace pensar que se trataba de un animal rápido que cazaba insectos.

Westlothiana

WESTLOTHIANA
Carbonífero, 350 millones de años
Europa
30 cm de longitud
Descubierto en 1988 y bautizado a raíz del lugar donde fue hallado –el distrito escocés de Westhlonian–, *Westlothiana lizziae* (o "Lizzie", para abreviar) reúne características de un tetrápodo y un reptil primitivos. *Westlothiana* vivía en las proximidades de un gran lago de agua dulce, donde probablemente se alimentaba de miriápodos, opiliones e insectos. Sin embargo, algunos expertos

Petrolacosaurus

EL HUEVO DE LOS REPTILES

Una de las principales características de los reptiles, tanto primitivos como modernos, es que ponen huevos con cáscara, denominados huevos amnióticos. La cáscara dura evita la desecación del contenido del huevo, y gracias a ello pueden ser puestos en tierra firme. La aparición de los huevos amnióticos hizo posible a los animales la vida y la reproducción en el medio terrestre, sin tener que volver al agua para la puesta, como es el caso de los anfibios.

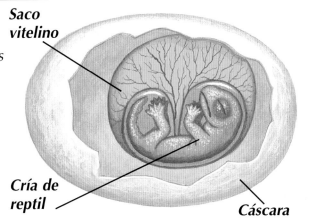

Saco vitelino

Cría de reptil

Cáscara

PALEOTHYRIS

Carbonífero, 300 m.a.
Norteamérica
30 cm de longitud

Esta pequeña y ágil criatura con aspecto de lagarto tenía dientes afilados y grandes ojos. Probablemente se alimentaba de insectos y otros pequeños invertebrados (animales sin columna vertebral) que cazaba en el suelo de los bosques donde habitaba. *Paleothyris* era un reptil primitivo que todavía conservaba algunos rasgos más característicos de los anfibios que de los reptiles, sobre todo en su cráneo. Los dinosaurios descienden directamente de criaturas similares a *Paleothyris*, aunque no se trate de un reptil verdadero.

PAREIASAURUS

Pérmico, 250 millones de años
Sudáfrica, Europa
2,5 m de longitud
Pareiasaurus, de constitución robusta y piel recubierta de numerosas escamas óseas entrelazadas, era un reptil herbívoro. Las escamas podrían haberle protegido de los depredadores, a la vez que actuaban como sostén externo de su voluminoso cuerpo. Como *Pareiasaurus* es un pariente de las tortugas, se ha sugerido que los duros caparazones de éstas podrían haber evolucionado a partir de sus escamas.

Pareiasaurus

En la larga historia de la vida sobre nuestro planeta, algunas especies animales no han podido evolucionar más allá de un cierto punto, constituyendo "callejones sin salida" evolutivos. *Askeptosaurus* y el resto de su familia de criaturas semejantes a cocodrilos pertenecen a esta categoría. Otras, sin embargo, continuaron evolucionando, refinando las características que explican su éxito. *Lagosuchus*, aunque no era un dinosaurio, poseía algunas características comunes a ellos.

Scutosaurus

MILLERETTA

Pérmico, 250 millones de años
Sudáfrica
60 cm de longitud

Milleretta era un reptil primitivo de tamaño pequeño y movimientos rápidos cuya alimentación habría consistido exclusivamente en insectos. En la parte posterior de su cráneo, presenta una zona cóncava que parece indicar la presencia de tímpanos, lo que, de ser cierto, debió de dotarle de un buen oído. A pesar de esta característica avanzada, *Milleretta* pertenece al grupo reptiliano de los anápsidos, cuyos cráneos se asemejan más a los de las tortugas que a los de las serpientes y lagartos. Esto significa que, pese a ser uno de los primeros reptiles, *Milleretta* no fue un antepasado directo de los dinosaurios.

Milleretta

SCUTOSAURUS

Pérmico, 250 m.a.
Europa
2,5 m de longitud

De aspecto similar al *Pareiasaurus*, con el que estaba emparentado, *Scutosaurus* vivía en pequeñas manadas. Era un herbívoro pesado de movimientos lentos que se alimentaba de la vegetación que flotaba sobre los lagos y estanques de agua dulce. Los dientes, planos y en forma de hoja, tenían bordes serrados que le permitían cortar fácilmente las hojas y los tallos. Los dientes estaban separados, de modo que el agua que tragaba al pastar entre la vegetación acuática podía fluir libremente entre los huecos. Los adultos maduros de *Scutosaurus* tenían un cuerno en el hocico, así como espinas óseas que, nacidas en la mandíbula, apuntaban hacia abajo. La piel estaba cubierta de protuberancias óseas, que quizás lo protegieron de depredadores carnívoros.

ASKEPTOSAURUS

Triásico, 220 m.a.
Europa
2 m de longitud

Askeptosaurus pertenecía a una familia de reptiles diápsidos primitivos conocida como los talatosaurios, animales con aspecto de cocodrilo que al parecer pasaron la mayor parte de su vida en el agua, aventurándose a tierra únicamente para poner sus huevos. *Askeptosaurus* era un animal esbelto, de cuello, cuerpo y cola alargados. En el agua, se desplazaba probablemente como una anguila, serpenteando. Se alimentaba de peces y podría haber sido capaz de sumergirse a profundidades considerables en busca de presas, a las que atraparía con sus mandíbulas largas y repletas de dientes.

Lagosuchus

LAGOSUCHUS

Triásico, 230 m.a.
Sudamérica
40 cm de longitud

Lagosuchus, un reptil primitivo de complexión ligera, resulta notable por sus extremidades largas y esbeltas y sus pies desarrollados, características que comparte con muchas otras especies de reptiles. El cuerpo de *Lagosuchus* indica que era un corredor nato, que quizás empleara su velocidad para perseguir los insectos de los que se alimentaba. También podría haber empleado su rapidez para escapar de posibles depredadores.

Askeptosaurus

MANOS DE REPTIL

La forma de las manos revela mucha información sobre la forma de vida de los animales. Las manos de los anfibios no son prensiles; en su lugar, los dedos palmeados resultan idóneos para impulsarse en el agua. La mano de un reptil es mucho más avanzada, está dotada de dedos finos de mayor longitud que pueden coger y arrastrar objetos, así como excavar en el suelo.

Mano de un anfibio

Mano de un reptil

La historia de la vida sobre la Tierra es la historia de la evolución, de cómo los seres vivos han aprendido a adaptarse a los cambios con el tiempo. Algunas de las adaptaciones desarrolladas por los reptiles primitivos se convirtieron en características importantes de los dinosaurios, los pterosaurios y los plesiosaurios. El cráneo diápsido, presente en algunos de los primeros reptiles, es una de tales características, al igual que la capacidad de mantenerse erguido sobre dos extremidades, un rasgo de *Euparkeria* que se desarrolló en los dinosaurios carnívoros posteriores. Otras características, como las extrañas escamas de *Longisquama*, no sobrevivieron en los dinosaurios.

Euparkeria

EUPARKERIA
Triásico, 240 m.a.
Sudáfrica
60 cm de longitud
Euparkeria, un carnívoro de constitución ligera, poseía unas extremidades traseras más largas que las delanteras, rasgo que lo diferenciaba de muchos otros reptiles primitivos de su tiempo. Esta característica distintiva bien podría significar que *Euparkeria* podía erguirse sobre las dos extremidades traseras y recorrer sobre ellas distancias cortas, siendo uno de los primeros reptiles que tuvieron esta habilidad. Gracias a ello, *Euparkeria* podría ser más veloz que otros reptiles cuadrúpedos. Los dinosaurios y los pterosaurios evolucionaron a partir de reptiles como éste.

LONGISQUAMA
Triásico, 230 millones de años
Asia
15 cm de longitud
Esta criatura de aspecto extraño recibe su nombre de las inusuales escamas que crecían dispuestas en dos hileras sobre el lomo. Desde el descubrimiento de *Longisquama* en el año 1969, estas largas y curvadas proyecciones óseas han sido objeto de estudio de los científicos, los cuales se muestran bastante intrigados ante este hecho. Si hubiera podido extenderlas a ambos lados del cuerpo, *Longisquama* podría haberlas empleado como "ala" de unos 30 cm de envergadura para planear a través de los bosques.

Sin embargo, no hay unanimidad sobre esta teoría. Algunos científicos creen que las escamas tenían vivos colores y eran empleadas en los rituales de cortejo.

Longisquama

Paradapedon

PARADAPEDON

Triásico, 210 m.a.
Asia
1,3 m de longitud
Paradapedon era un rincosaurio, un animal rechoncho y parecido a un cerdo que se desplazaba sobre sus cuatro extremidades. Los rincosaurios fueron los reptiles más abundantes entre el Triásico medio y el superior (hace unos 220-200 millones de años). Al igual que otros rincosaurios, *Paradapedon* fue un herbívoro que usaba su pico córneo para mordisquear las plantas blandas, como los helechos arborescentes. Cuando éstos cedieron terreno a las coníferas, en el Período Jurásico, los rincosaurios desaparecieron.

HYPSOGNATHUS

Triásico, 210 millones de años
Norteamérica
33 cm de longitud
Hypsognathus tenía púas óseas que crecían a ambos lados de la cabeza y que con toda probabilidad empleó como medio defensivo: si sacudía la cabeza de un lado a otro, las púas seguramente obligaban al depredador a mantenerse a distancia. *Hypsognathus* era un herbívoro que masticaba las plantas con sus dientes romos y en forma de clavija situados en la parte trasera de la boca. Animal pequeño y rechoncho, es probable que sus movimientos fuesen lentos.

Hypsognathus

LOS ORIFICIOS DE LA CABEZA

Los reptiles se clasifican en grupos en función del número de orificios que presenta su cráneo, los cuales sirven de fijación a los músculos.
1. Anápsidos: carecen de orificios.
2. Sinápsidos: tienen un orificio a cada lado.

3. Diápsidos: tienen dos orificios a cada lado. Los dinosaurios, pterosaurios y plesiosaurios descienden de los reptiles diápsidos. Entre los diápsidos actuales se encuentran los cocodrilos, los lagartos, las serpientes y las aves.

Orificios del cráneo

1. Anápsido
2. Sinápsido
3. Diápsido

1 **2** **3**

Cuenca ocular

Narina

HYLONOMUS

Uno de los primeros reptiles primitivos que vivió en la Tierra fue hallado en un famoso yacimiento de fósiles de Joggins, Nueva Escocia, Canadá. En este lugar, el mar erosiona constantemente los acantilados de la costa y pone al descubierto restos prehistóricos de vida animal y vegetal. Este pequeño reptil, que vivió hace unos 310 millones de años, fue descubierto en 1851 en este yacimiento y recibió el nombre *Hylonomus*, que significa "ratón de bosque".

ASPECTO DE LAGARTO

Hylonomus fue un reptil anápsido, el primer grupo de reptiles primitivos que apareció sobre el planeta. Como anápsido, su cráneo era macizo, similar al de un anfibio. Las únicas aberturas del cráneo correspondían a los ojos y a los orificios de la nariz, y probablemente carecía de tímpano. *Hylonomus* tenía el aspecto de un lagarto pequeño, y seguramente vivió como uno de ellos. Poseía un cuerpo y una cola largos y delgados, cuatro patas bien desarrolladas, y sus mandíbulas estaban dotadas de dientes pequeños y afilados.

Ejemplares de Hylonomus *en su hábitat, el suelo del bosque, poco después de que una inundación haya derribado numerosos árboles.*
Un Hylonomus *está a punto de introducirse en un tocón descompuesto, de cuyo interior le resultará imposible salir trepando.*

FICHA DE HYLONOMUS

Nombre: Hylonomus
Vivió: hace 310 millones de años
Localización: Canadá

Longitud: 20 cm
Dieta: arañas, miriápodos, insectos
Hábitat: suelo de los bosques

EL SUELO DEL BOSQUE

Hylonomus vivía en el suelo de bosques en los que crecían árboles de hasta 30 m y helechos arbustivos tapizaban el suelo. En este entorno umbrío, *Hylonomus* se ocultaba de sus depredadores, buscaba alimento y sacaba adelante a sus crías.

DIENTES AFILADOS

Hylonomus era un carnívoro que probablemente se alimentaba de insectos y otros pequeños invertebrados como ciempiés, gusanos y arañas. Sus dientes afilados y puntiagudos le habrían permitido atravesar los animales de cuerpo blando con facilidad, así como también perforar las conchas duras de los caracoles antes de que sus mandíbulas se cerraran y las aplastaran.

ATRAPADO EN EL INTERIOR DE TOCONES

Conocemos a Hylonomus *porque se han encontrado varios fósiles completos, todos en un mismo lugar. Millones de años atrás, un bosque de árboles de corteza escamosa se inundó. Los árboles cayeron y, después de que las aguas se retiraran, los* Hylonomus *se deslizaron en busca de insectos hasta el interior de los tocones en descomposición, donde quedaron atrapados y murieron.*

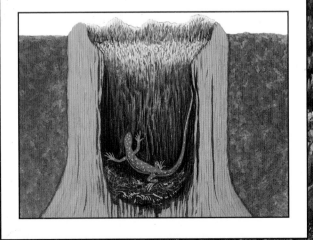

Alrededor de 80 millones de años antes de la aparición de los primeros dinosaurios, dos grandes grupos de animales surgieron sobre la Tierra. Los primeros fueron los curiosos pelicosaurios, dotados de vistosas crestas dorsales, de quienes desciende el segundo grupo animal, los reptiles semejantes a los mamíferos, que a su vez son los antepasados de éstos.

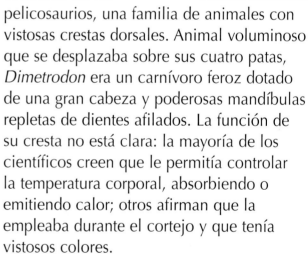

Dimetrodon

LOS DIENTES DE DIMETRODON

Dimetrodon significa "dos tipos de dientes". La parte delantera de sus mandíbulas estaba provista de caninos largos y afilados, tras los que se disponían numerosos dientes más cortos, muy útiles para cortar la carne. Dimetrodon fue el mayor depredador de su época y devoraba presas de todos los tamaños.

DIMETRODON

Pérmico, 280 m.a.
Norteamérica
3,5 m de longitud
Dimetrodon es el más conocido de los pelicosaurios, una familia de animales con vistosas crestas dorsales. Animal voluminoso que se desplazaba sobre sus cuatro patas, *Dimetrodon* era un carnívoro feroz dotado de una gran cabeza y poderosas mandíbulas repletas de dientes afilados. La función de su cresta no está clara: la mayoría de los científicos creen que le permitía controlar la temperatura corporal, absorbiendo o emitiendo calor; otros afirman que la empleaba durante el cortejo y que tenía vistosos colores.

EDAPHOSAURUS

Pérmico, 280 millones de años
Norteamérica y Europa
3,5 m de longitud
Con su distintiva hilera de espinas óseas recubierta de piel y en forma de cresta sobre la espalda, *Edaphosaurus* debió de resultar una visión peculiar en las orillas de los lagos y pantanos donde habitaba. A diferencia de otros pelicosaurios, como *Dimetrodon*, *Edaphosaurus* era herbívoro. Sus dientes eran romos y en forma de clavija, lo que indica que los empleaba para trocear y masticar plantas, no carne.

Edaphosaurus

TITANOSUCHUS

Pérmico, 270 m.a.
Sudáfrica
2,5 m de longitud
Titanosuchus
perteneció al grupo
de los reptiles semejantes a los
mamíferos (o de mamíferos
semejantes a los reptiles),
denominados también
terápsidos. Estos
animales son los
antepasados directos
de los mamíferos, que aparecieron sobre
la Tierra hace alrededor de 200 millones
de años. Los terápsidos mostraban
características comunes a los reptiles y los
mamíferos. *Titanosuchus* fue un depredador
dotado de afilados incisivos y caninos
curvos, idóneos para propinar dentelladas
a presas como *Moschops*, un corpulento
herbívoro de pesados
movimientos.

Titanosuchus

MOSCHOPS

Pérmico, 260 m.a.
Sudáfrica
5 m de longitud
El mayor de los reptiles terápsidos fue
Moschops, un herbívoro de cuerpo rechoncho,
cola corta y gruesas extremidades. El interior
de su cuerpo albergaba un intestino enorme,
una característica común a la mayoría de los
animales herbívoros. *Moschops* necesitaba
un largo intestino para digerir la vegetación
que comía y extraer de ella la máxima
cantidad de energía. Al igual que en el caso
de otros herbívoros, sus dientes eran romos.
Los fósiles hallados parecen
indicar que vivía en
pequeños rebaños
que pacían en la
vegetación baja,
del mismo modo
que las vacas
actuales.

Moschops

Los reptiles semejantes a los mamíferos, los terápsidos, forman uno de los grandes grupos de animales prehistóricos. Aparecieron hace alrededor de 300 millones de años y sobrevivieron durante 120 millones de años. Sus cráneos eran similares a los de los mamíferos, pero la mayoría de ellos se desplazaban como los reptiles.

TAPINOCEPHALUS

Pérmico, 270 millones de años
Sudáfrica
4 m de longitud
Tapinocephalus, un reptil terápsido de complexión robusta y gran tamaño, era un herbívoro de movimientos lentos similar a *Moschops*, que convivió con él en la misma región. Al igual que otros miembros de su familia, *Tapinocephalus* poseía un cráneo macizo característico. Nadie conoce con certeza su función, pero algunos científicos creen que empleaba la cabeza como un ariete para embestir; quizás los adultos combatían a cabezazos para decidir quién era el miembro más fuerte del grupo.

ESTEMMENOSUCHUS

Pérmico, 255 m.a.
Europa
3 m de longitud

Estemmenosuchus

Estemmenosuchus fue un reptil terápsido enorme que habitó las orillas de estanques y lagos, quizás formando manadas. Su dieta pudo estar basada en plantas, como las colas de caballo, y en pequeños animales: una dieta mixta que haría de él un animal omnívoro. La característica más sorprendente de *Estemmenosuchus* es su "corona" de cuernos óseos, cuya función se desconoce; pudo emplearlos en exhibiciones de cortejo, en las que los machos rivales se enfrentarían con sus cornamentas, del mismo modo que los ciervos actuales.

Tapinocephalus

ROBERTIA

Pérmico, 260 millones de años
Sudáfrica
20 cm de longitud

Robertia pertenece a una familia de reptiles semejantes a mamíferos conocida como dicinodontes ("dos dientes de perro"), nombre que reciben por dos caninos de aspecto similar a dos pequeños colmillos que les crecían de la mandíbula superior hacia abajo y que constituían su única dentadura. *Robertia*, al igual que otros dicinodontes, era un herbívoro de aspecto porcino, capaz de arrancar y morder los vegetales con su pico. Se cree que *Robertia*, uno de los primeros dicinodontes aparecidos, pudo haber vivido en madrigueras, un lugar seguro fuera del alcance de posibles depredadores.

Robertia

PROCYNOSUCHUS

Pérmico, 260 millones de años
Sudáfrica, Europa
60 cm de longitud

Procynosuchus era un cinodonte, un miembro del grupo de los reptiles terápsidos con "dientes de perro". No obstante, fue un miembro atípico, ya que estaba adaptado a la vida acuática, cuando lo normal entre los cinodontes era que vivieran en tierra. *Procynosuchus* nadaba haciendo serpentear los extremos delantero y trasero de su columna rígida, como un cocodrilo, y remando con sus pies palmeados, similares a los de una nutria. Era carnívoro.

CABEZA CORNUDA

Estemmenosuchus ("cocodrilo coronado") recibe su nombre por la "corona" de cuernos que crecía en su cabeza, que –además de servirle como protección de los ojos– podría haber empleado para luchar. El cráneo de un adulto tenía 45 cm de anchura, un tamaño similar al cráneo de un rinoceronte.

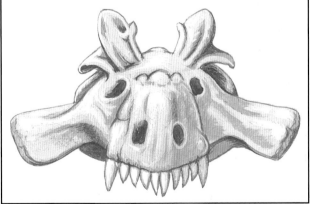

Procynosuchus

Entre los reptiles semejantes a mamíferos que aparecieron posteriormente, se encuentran los que desarrollaron verdaderas características de mamífero. Nos referimos a *Thrinaxodon*, que pudo tener pelo, y a *Lycaenops*, un animal de largas extremidades que, en vez de reptar, se desplazaba en posición erecta.

CISTECEPHALUS

Pérmico, 260 millones de años
Sudáfrica
33 cm de longitud

Cistecephalus habitó en galerías subterráneas, al igual que los topos actuales. Animal pequeño y robusto, debió de abrirse paso excavando con sus miembros delanteros y retirando la tierra con las extremidades traseras. En la oscuridad de su mundo subterráneo, este reptil terápsido debió de alimentarse de gusanos, escarabajos, caracoles y otros pequeños animales que encontraba en su red de túneles. *Cistecephalus* también pudo alimentarse de los tallos subterráneos blandos de las colas de caballo y los helechos.

LYCAENOPS

Pérmico, 260 m.a.
Sudáfrica
1 m de longitud
Lycaenops, cuyo nombre significa "cara de lobo", era un carnívoro de complexión ligera dotado de largas patas. Al igual que los lobos actuales, *Lycaenops* poseía un cráneo alargado y delgado, dotado de caninos muy largos en ambas mandíbulas. Sus agudos caninos resultaban ideales para desgarrar y arrancar carne de presas de gran tamaño, como el herbívoro *Moschops*, al que podría haber dado caza. *Lycaenops* pudo ser un animal de manada, que vivía y cazaba con otros miembros de su especie.

EXTREMIDADES ERECTAS

Lycaenops andaba y corría con largas extremidades pegadas al cuerpo, un rasgo característico de los mamíferos y no de los reptiles, cuyas extremidades se insertan lateralmente en el cuerpo. La capacidad para desplazarse como un mamífero habría dado ventaja a Lycaenops sobre otros cuadrúpedos de su tiempo, puesto que le permitía moverse a mayor velocidad.

THRINAXODON

Triásico, 250 m.a.
Sudáfrica, Antártida
50 cm de longitud

Thrinaxodon

LYSTROSAURUS

Triásico, 250 millones de años
Sudáfrica, Asia, Antártida
1 m de longitud

Lystrosaurus era un reptil herbívoro semejante a un mamífero que pertenecía al grupo de los dicinodontes, los cuales tenían dos caninos que crecían en su mandíbula superior. El hocico acababa en un pico córneo, similar al de una tortuga, que habría utilizado para arrancar y trocear la vegetación. Se cree que pobló las orillas de los lagos y, al igual que los modernos hipopótamos, podría haber pasado parte de su tiempo en el agua alimentándose de plantas acuáticas.

Thrinaxodon, carnívoro de pequeño tamaño, era un cinodonte, un animal caracterizado por poseer caninos similares a los de los perros, molares e incisivos. *Thrinaxodon* era capaz de respirar mientras comía, una capacidad que poseen los mamíferos, pero no los reptiles. Se sospecha que *Thrinaxodon* estaba cubierto de pelo, otro elemento característico de los mamíferos ausente en los reptiles. A pesar de su aspecto, el esqueleto de *Thrinaxodon* todavía muestra características reptilianas, de ahí que sea clasificado en el grupo de los reptiles semejantes a mamíferos. Vivía en madrigueras, de las que salía para cazar.

Lystrosaurus

LA GRAN EXTINCIÓN DEL PÉRMICO

Hacia fines del Período Pérmico, hace alrededor de 248 millones de años, sucedió algo que ocasionó la extinción de gran parte de la vida del planeta. Fue la mayor extinción en masa de especies animales que se ha producido nunca, mayor incluso que la responsable de la desaparición de los dinosaurios millones de años más tarde.

La gran extinción del Pérmico borró de la faz de la Tierra al 70 por ciento de toda la vida terrestre y al 90 por ciento de la vida marina. Se calcula que este proceso pudo producirse en un espacio de tiempo geológico muy corto, 100.000 años, e incluso algunos científicos afirman que pudo suceder en ¡sólo 10.000 años! La causa, o las causas, no se conocen con exactitud y existen numerosas teorías que intentan explicar lo que sucedió en aquel pasado remoto.

MUERTE A CAUSA DE LOS VOLCANES

Al final del Período Pérmico, se produjeron erupciones volcánicas a gran escala en Siberia, en el norte de Eurasia. Estas erupciones habrían vertido enormes cantidades de dióxido de carbono y otros gases a la atmósfera provocando una lluvia ácida que al caer habría aniquilado la vegetación y ocasionado la muerte por inanición de los animales.

MUERTE POR ASFIXIA

Un aumento de dióxido de carbono en la atmósfera resultante de las erupciones volcánicas habría reducido la cantidad de oxígeno disponible en el aire y en el agua, lo que habría supuesto la sentencia de muerte para los animales del planeta al provocar su asfixia.

A medida que la vegetación moría, los herbívoros lo hacían con ella. Los carnívoros debieron de emprender una búsqueda cada vez más desesperada de alimento ante la escasez de presas.

LA MUERTE VINO DEL ESPACIO

Una teoría que goza de amplia aceptación entre los científicos es que la Tierra colisionó con un meteorito, una roca espacial. Existen indicios fundados de que los dinosaurios desaparecieron cuando un meteorito chocó contra el planeta hace 65 millones de años, de modo que la colisión de otro meteorito bien podría haber aniquilado la vida terrestre hace 248 millones de años. Con la magnitud suficiente, el impacto podría haber desatado erupciones volcánicas que habrían llenado la atmósfera de gases mortales.

MUERTE POR CONGELACIÓN

Otra teoría defiende que tuvo lugar un descenso de la temperatura terrestre que condujo a la expansión de los casquetes de hielo polares. Se han hallado pruebas de que hacia fines del Pérmico se produjo un enfriamiento del planeta, pero no se sabe con claridad si su intensidad o su duración fueron suficientes para aniquilar la fauna terrestre.

PANGEA

El mundo del Carbonífero

Euramérica
Mar de Tetis
Gondwana
Pantalasa

Mar de Tetis
PANGEA
Pantalasa

El mundo del Triásico

Otra teoría afirma que la deriva de los continentes terrestres provocó la extinción en masa del Pérmico. El desplazamiento de las placas de la corteza terrestre por el planeta acabó por dar lugar a la formación de un único supercontinente, llamado Pangea (que significa "toda la tierra"). Esto habría originado cambios en el nivel del mar, que podrían haber afectado a los animales que vivían en aguas poco profundas. Sin embargo, esta teoría no explica la muerte de la fauna terrestre.

La catástrofe que aniquiló gran parte de la fauna terrestre del planeta a fines del Pérmico, hace alrededor de 248 millones de años, cambió el curso de la evolución. De los supervivientes, surgieron animales como *Cynognathus* –todavía un reptil semejante a un mamífero, pero con rasgos más cercanos a los de un mamífero que a los de un reptil–. Pese a ello, antes de que los mamíferos llegaran a dominar el mundo, gobernaron los dinosaurios.

CYNOGNATHUS

Triásico, 230 millones de años
Sudáfrica, Sudamérica,
Antártida
1 m de longitud
Cynognathus era un depredador que cazaba en grupo presas tales como *Kannemeyeria*.
A diferencia de otros reptiles de su tipo, adoptaba una postura erecta y no reptiliana. Se cree que podría haber estado cubierto de pelo y haber alumbrado crías en lugar de poner huevos.

KANNEMEYERIA

Triásico, 230 m.a.
Sudáfrica, Asia,
Sudamérica,
Antártida
3 m de
longitud
Herbívoro corpulento de extremidades reptilianas, *Kannemeyeria* era un reptil terápsido de la familia de los dicinodontes, animales dotados de dos caninos en su mandíbula superior. Éstos eran sus únicos dientes, y su hocico acababa en un pico córneo. *Kannemeyeria* habitó en parajes abiertos, donde era cazado por depredadores como *Cynognathus*.

Cynognathus

DIENTES DE MAMÍFERO

Cynognathus, *que significa "mandíbula de perro", era un cinodonte, un animal con dientes similares a los de un perro. Sus poderosas mandíbulas tenían afilados incisivos en el frente, caninos curvos tras ellos y molares bordeados de puntas serradas, instrumentos ideales para cortar la carne. Esta dentadura revela el estrecho parentesco de* Cynognathus *con los mamíferos.*

Kannemeyeria

Placerias

MASSETOGNATHUS

Triásico, 220 m.a.
Sudamérica
50 cm de longitud

No todos los cinodontes eran carnívoros.
Massetognathus era un herbívoro de
tamaño mediano con molares adaptados
especialmente para masticar los vegetales.
Todavía conservaba el característico hocico
alargado de la familia de los cinodontes,
con incisivos agudos y caninos curvos,
pero sus molares no eran afilados sino
planos y estaban cubiertos de crestas bajas,
características que los hacían idóneos para
triturar tallos, raíces y otras partes vegetales.
Massetognathus tenía garras y una cola
bastante larga de aspecto canino, y pudo
tener pelo.

PLACERIAS

Triásico, 215 m.a.
Norteamérica
3,5 m de longitud

Los dos colmillos de la mandíbula superior
de *Placerias* revelan que era un miembro
de la familia de los dicinodontes, dentro
de los reptiles semejantes a mamíferos.
Por delante de sus colmillos, tenía un pico
óseo. El adulto maduro tenía un cráneo
de unos 60 cm de longitud. *Placerias* era
herbívoro y probablemente empleaba sus
colmillos para cavar en el suelo y desenterrar
las raíces de las plantas de las que se
alimentaba. Su pico troceaba el material
vegetal, desde correosas raíces hasta tallos y
hojas blandas. *Placerias* se asemejaba a un
pequeño hipopótamo, voluminoso, de patas
cortas y pies amplios dotados de garras
romas. Pudo haber vivido en un entorno
estacional, en el que se sucedían dos
estaciones al año, una seca y otra húmeda.
Placerias vivió probablemente en manada,
cerca del agua. Fue uno de los últimos
dicinodontes, quienes, por alguna razón,
se extinguieron hace alrededor
de 210 millones de años.

Massetognathus

CAPÍTULO DOS

DEPREDADORES Y CARROÑEROS

TERÓPODOS – LOS CARNÍVOROS

En 1881, Othniel Charles Marsh (1831-1899), un famoso buscador de fósiles norteamericano, afirmó que todos los dinosaurios carnívoros debían agruparse juntos y propuso para ellos el nombre de terópodos, "pies de bestia". Los primeros terópodos aparecieron hace alrededor de 225 millones de años, poco después del inicio del Mesozoico, la Era de los Reptiles. Los dinosaurios carnívoros sobrevivieron durante 160 millones de años, hasta la extinción de los dinosaurios, hace 65 millones de años.

CARACTERÍSTICAS

La mayoría de los dinosaurios carnívoros se desplazaban sobre extremidades delgadas acabadas en pies similares a los de las aves, dotados de tres dedos de afiladas garras, que les permitían desplazarse muy rápido –ciertamente más rápido que los lentos dinosaurios herbívoros–. Los miembros delanteros eran cortos, el torso compacto, la cola larga, el cuello curvo y flexible, y los ojos grandes.

Pie y mano de un dinosaurio carnívoro.

CAMBIOS EVOLUTIVOS

Los carnívoros evolucionaron a lo largo de sus 160 millones de años de existencia. Sus cerebros aumentaron de tamaño, las patas traseras se hicieron más largas y delgadas y su visión mejoró.

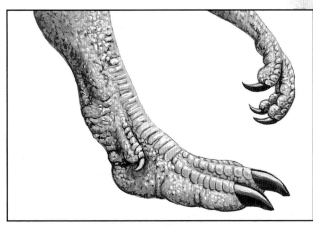

Daspletosaurus

Albertosaurus

Dromaeosaurus

Los dinosaurios carnívoros poblaron la Tierra durante alrededor de 160 millones de años. Hubo muchas especies distintas, y fueron los mayores depredadores del Mesozoico.

DIENTES Y PICOS

Los dinosaurios carnívoros tenían dientes o picos. Los dientes de los terópodos eran delgados y con forma de daga, con márgenes aserrados en los bordes delantero y trasero. Cuando el carnívoro mordía a su presa, los bordes serrados se aferraban a la carne de la víctima y se abrían paso provocando un profundo corte. Los carnívoros de pequeño tamaño tenían por lo general un mayor número de piezas dentales que los individuos grandes. Los carnívoros dotados de dientes solían tener piezas más largas hacia la mitad de sus mandíbulas, donde los músculos de éstas ejercían una mayor fuerza al morder. Algunos carnívoros desarrollaron mandíbulas que carecían de dientes, en su lugar estos terópodos sin dientes poseían picos óseos cubiertos de una capa de esmalte. Estos picos, poco adecuados para desmenuzar la carne, habrían sido utilizados para romper huevos.

Dromiceiomimus

Troodon

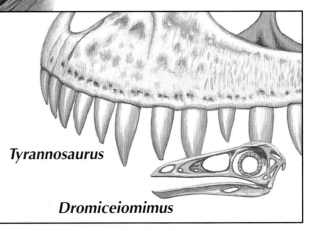

Tyrannosaurus

Dromiceiomimus

Algunos carnívoros tenían dientes y otros pico.

Los primeros dinosaurios carnívoros surgieron a mediados del Período Triásico, hace alrededor de 225 millones de años. Eran animales mucho más pequeños y primitivos que los carnívoros más conocidos que aparecieron posteriormente durante el Mesozoico, como *Tyrannosaurus rex.*

COELOPHYSIS

*Triásico, 220 m.a.
Norteamérica
3 m de longitud*

Coelophysis

Coelophysis tenía una constitución óptima para correr y moverse con agilidad. Para reducir su peso, los huesos de sus extremidades eran casi huecos, algo que resultaba de gran ayuda a un animal que dependía de la velocidad para atrapar a su presa. Las patas delanteras eran pequeñas y probablemente las usó para sujetar y desgarrar el alimento. Podría haber sido un animal de manada, que vivía y cazaba en grupo.

EORAPTOR

*Triásico, 225 m.a.
Sudamérica
1 m de longitud*

Eoraptor es un animal importante por ser uno de los dinosaurios conocidos más antiguos, ya que vivió en los albores de la Era de los Reptiles. *Eoraptor* era un pequeño dinosaurio que se movía con rapidez por su entorno con sus dos largos y delgados miembros traseros, los cuales duplicaban la longitud de los miembros delanteros. Era carnívoro, y podría haber sido tanto depredador como carroñero. Las mandíbulas alojaban numerosos dientes serrados de pequeño tamaño. Se han descubierto fósiles de *Eoraptor* a lo largo del curso de un antiguo río de Argentina, lo que plantea la cuestión de si *Eoraptor* se alimentaba de peces.

Eoraptor

ÁGILES Y VELOCES

Velocidad y agilidad eran dos características fundamentales que los dinosaurios carnívoros debían poseer, ya que sin ellas sus posibilidades de supervivencia habrían sido mínimas. Los carnívoros debían ser capaces de correr tan rápido como las presas que constituían su alimento.

Herrerasaurus

HERRERASAURUS

Triásico, 220 m.a.
Sudamérica
3 m de longitud

Herrerasaurus vivió en un medio boscoso, entre helechos y coníferas. Era un carnívoro de talla media y un depredador ágil y veloz. Las largas y esbeltas patas le conferían la agilidad necesaria para alcanzar a presas como los rincosaurios –reptiles herbívoros, de aspecto porcino, rechonchos, de movimientos lentos y que se desplazaban sobre sus cuatro patas–. *Herrerasaurus* poseía una cabeza larga y estrecha, dotada de robustas mandíbulas equipadas con numerosos dientes afilados e inclinados hacia atrás. Las extremidades delanteras eran cortas y la cola larga. Cuando corría, probablemente mantenía la cola estirada en posición horizontal como contrapeso para de ese modo evitar caer de bruces.

Los carnívoros también necesitaban tener un paso seguro, debían ser capaces de mantener el equilibrio y realizar giros a toda velocidad.

COMPSOGNATHUS

Jurásico, 145 m.a.
Europa
1 m de longitud

El pequeño dinosaurio *Compsognathus* era un depredador veloz que corría sobre sus largos miembros traseros. Las extremidades delanteras eran cortas y estaban dotadas de dos dedos con garras. Un cráneo grande alojaba numerosos dientes curvados y afilados, de tamaño pequeño y espaciados entre sí. Esta dentadura no podía infligir graves heridas a un animal grande, pero resultaba idónea para atrapar reptiles, insectos y mamíferos pequeños.

Compsognathus

Los carnívoros de gran tamaño comenzaron a aparecer durante el Período Jurásico, pero su mayor talla la alcanzaron en el período siguiente, el Cretácico. Robustos y poderosos, dotados de dientes afilados como cuchillos y de garras que podían arañar y despedazar la más gruesa de las pieles, estos terópodos podrían haber vagado en pequeños grupos, solos o en pareja.

DILOPHOSAURUS

Jurásico, 190 m.a.
Norteamérica
6 m de longitud
Dilophosaurus, uno de los primeros carnívoros de grandes dimensiones, es notable por la peculiar doble cresta ósea de su cabeza. La función de esta cresta no se conoce con exactitud, y tampoco se sabe si estaba presente en uno o en ambos sexos. Una hipótesis es que la cresta tenía colores llamativos y se empleaba para emitir señales, quizás para atraer a la pareja en la época de apareamiento o bien para identificar a un individuo como jefe del grupo. Los dedos de los pies de *Dilophosaurus* tenían largas garras, que podría haber empleado como armas para atacar a otro animal, golpeándolo con ellas y arañándolo al mismo tiempo con sus miembros delanteros. Los científicos creen que *Dilophosaurus* era un animal gregario que vivía en pequeñas manadas.

ALLOSAURUS

Jurásico/Cretácico
140 m.a.
Norteamérica
12 m de longitud
Allosaurus fue el mayor carnívoro del Cretácico inferior. Se desplazaba sobre dos poderosas patas traseras y tenía un grueso cuello en forma de "S". Las extremidades delanteras estaban dotadas de manos con tres garras afiladas y curvadas de 15 cm de longitud. Las mandíbulas alojaban numerosos dientes inclinados hacia atrás y de bordes serrados como cuchillos, de modo que podía trinchar la carne con facilidad. Cada diente tenía 10 cm de longitud. *Allosaurus* debió de atacar en grupo a animales de mayor talla que él; los ataques a presas pequeñas los realizaba probablemente en solitario.

Allosaurus

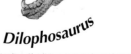

Dilophosaurus

NEOVENATOR

Cretácico, 125 m.a.

Europa

8 m de longitud

Neovenator estaba emparentado con el norteamericano *Allosaurus*, pero su constitución era algo más liviana. El gran cráneo de este feroz depredador contenía dientes afilados como cuchillas de 5 cm de longitud, y las garras de sus extremidades delanteras alcanzaban los 13 cm de longitud. Semejante arsenal tuvo que hacer de *Neovenator* un oponente formidable en la lucha. Las largas patas traseras debieron de permitirle desplazarse velozmente, alcanzando con seguridad grandes velocidades en tramos cortos. Sus restos se han hallado en la isla de Wight, frente a la costa sur de Gran Bretaña, donde podría haber dado caza al herbívoro *Iguanodon*.

Neovenator

CARROÑEROS

Se cree que los dinosaurios carnívoros eran tanto carroñeros como depredadores. Los depredadores son cazadores activos que acechan a su presa hasta atraparla y matarla, mientras que los carroñeros se alimentan de la carne de las víctimas de otros animales. Esta última estrategia resulta más económica en términos de energía y evita el peligro de ser herido en la lucha.

GIGANOTOSAURUS

Cretácico, 90 m.a.

Sudamérica

15 m de longitud

Giganotosaurus era un carnívoro gigante, unos 2 m más largo que *Tyrannosaurus rex*. El hallazgo de varios ejemplares juntos hace pensar que debió de cazar en grupo, aunque posiblemente también cazó en solitario. El diente de mayor tamaño tenía 20 cm de longitud. Una dentadura de estas características desgarraría profundamente la carne de la presa y le provocaría heridas mortales.

Giganotosaurus

Éstos son algunos de los dinosaurios carnívoros gigantes cuyos dientes, garras y cuerpos musculosos estaban perfectamente diseñados para dar caza a sus presas. Ya fuera en grupo o en solitario, estos terópodos se encuentran entre los cazadores más formidables de la Era de los Reptiles.

Ceratosaurus

MEGALOSAURUS

Jurásico, 170 m.a.
Europa
9 m de longitud
Megalosaurus fue el primer dinosaurio que recibió un nombre; fue en el año 1822. A pesar de ello, se tiene muy poca información sobre él. Hasta el momento no se han hallado esqueletos fósiles completos, de modo que los científicos han intentado deducir su estilo de vida a partir del de otros carnívoros. Creen que era un dinosaurio depredador que cazaba herbívoros como *Iguanodon*. *Megalosaurus* también pudo ser carroñero y alimentarse de la carne de animales muertos. Al igual que un león, podría haber permanecido en las cercanías del cadáver durante varios días, volviendo de forma periódica a él para alimentarse de sus restos.

CERATOSAURUS

Jurásico, 150 m.a.
Norteamérica
África
6 m de longitud
Ceratosaurus poseía un cuerno corto en el extremo de su hocico y crestas córneas cerca de sus ojos. No se cree que estas protuberancias fueran empleadas como armas. Más bien, podrían haber sido utilizadas con fines de exhibición. *Ceratosaurus* tenía una cabeza grande. Cuando comía, los huesos de su cráneo se desplazaban lateralmente, lo que le permitía engullir grandes pedazos de carne. Si debido a la edad, a una enfermedad o al desgaste perdía un diente, en su lugar crecía otro nuevo para reemplazarlo.

Megalosaurus

CAZADORES EN GRUPO

La caza en grupo daba a los carnívoros ventajas sobre su presa. Mientras un depredador distraía a la víctima y la obligaba a abandonar la seguridad de su manada, el grupo de cazadores se abalanzaba sobre ella para atraparla.

Albertosaurus

ALBERTOSAURUS

Cretácico, 70 m.a.
Norteamérica
9 m de longitud
Albertosaurus
era un depredador
feroz pariente de *Tyrannosaurus*. No
obstante, a diferencia de éste, cuyos ojos
eran de visión frontal, los de *Albertosaurus*
estaban situados a los lados de la cabeza,
de modo que tenía dificultades para ver lo
que había delante de él. Para compensar
este problema de visión, disponía de un
buen sentido del olfato. Por delante de los
ojos, tenía dos pequeños cuernos que pudo
emplear con fines de exhibición. Por otro
lado, se desplazaba sobre las dos robustas
y musculosas patas traseras, y seguramente
era un corredor veloz que en
distancias cortas podía alcanzar
hasta 30 km/h.

THERIZINOSAURUS

Cretácico, 70 m.a.
Asia
12 m de longitud
Therizinosaurus no sólo
fue uno de los
últimos dinosaurios
aparecidos sobre la
Tierra, fue asimismo
uno de los de aspecto más extraño. No se
han descubierto esqueletos completos, y
todo lo que se conserva de él son las
extremidades superiores y el tórax. Al
compararlo con otros dinosaurios de su
misma familia, los científicos creen que
Therizinosaurus pudo tener un aspecto
semejante al de la imagen, con un cuello
largo rematado por una cabeza pequeña.
Las extremidades delanteras tenían 2,45 m
de longitud y esgrimían tres garras enormes,
la más larga de las cuales alcanzaba los
70 cm. Los científicos se cuestionan la
utilidad de unas garras tan gigantescas.
Algunos creen que las empleaba
para abrir termiteros, otros
afirman que las utilizaba para
llevarse plantas a la boca.
La mayoría, sin embargo,
coincide en describirlo
como carnívoro.

Therizinosaurus

TYRANNOSAURUS REX

El quizás más conocido de todos los dinosaurios, *Tyrannosaurus rex*, hizo una breve aparición antes de extinguirse.

Nombre: Tyrannosaurus rex
Vivió: hace 70 m.a.
Localización: Norteamérica
Longitud: 12 m
Dieta: carne
Hábitat: bosques abiertos

PODEROSO DEPREDADOR

Tyrannosaurus rex fue uno de los mayores dinosaurios depredadores carnívoros (*Giganotosaurus* fue el mayor). Era un terópodo de constitución robusta que se apoyaba sobre sus dos poderosos miembros traseros, manteniendo el lomo paralelo al suelo y la cola erecta en posición horizontal para equilibrarse. Los ojos dirigidos hacia delante le proporcionaban una buena visión, muy útil para dar caza a su presa.

AGRESOR EMBOSCADO

Tyrannosaurus rex vivía en bosques abiertos, un entorno en el que alternaban los claros y los bosquecillos de coníferas, robles, arces y abedules, mientras el suelo estaba cubierto de helechos y plantas con flor. Entre esta vegetación pastaban los herbívoros a los que *Tyrannosaurus rex* acechaba. Si en un primer momento no podía verlos, quizás captaba su olor, ya que al parecer tenía un agudo sentido del olfato. Cuando atisbaba a la víctima, *Tyrannosaurus rex* emprendía una apresurada carrera, a velocidades de hasta 36 km/h, con zancadas gigantes que cubrían entre 3,7 y 4,6 m.

CABEZA GRANDE, DIENTES GRANDES

Tyrannosaurus rex *tenía una enorme cabeza de alrededor de 1,5 m de longitud. El cráneo poseía grandes aberturas que le ayudaban a reducir su peso, haciendo de él una carga menos pesada. Las mandíbulas albergaban entre 50 y 60 dientes con forma de cuchilla, algunos de los cuales llegaban a medir hasta 23 cm de longitud.*

LLENO A REVENTAR

Al igual que un carnívoro actual como el león, probablemente *Tyrannosaurus rex* no comía cada día. En realidad, después de matar a su presa, un animal herbívoro, se alimentaba hasta atiborrarse y después no probaba bocado hasta que al cabo de unos días regresaba a los restos de su presa para volver a comer. También pudo tener costumbres carroñeras y alimentarse de animales muertos por otros.

En una emboscada un Tyrannosaurus rex *adulto se abalanza sobre un* Edmontosaurus *herbívoro.*

BRAZOS PEQUEÑOS, DEDOS COMO GARFIOS

Tyrannosaurus rex *tenía unas extremidades delanteras pequeñas, dotadas de dos dedos con garras en cada una de ellas. Para un animal de su corpulencia, sus miembros delanteros son sorprendentemente escuálidos –aunque no tanto si los imaginamos empleados como garfios para aferrar a su presa–.*

ESPINOSAURIOS

Entre los dinosaurios carnívoros más reconocibles se encuentran los llamados espinosaurios, dotados de crestas dorsales de piel; grandes terópodos piscívoros equipados con largas mandíbulas, similares a las de los cocodrilos, y garras en forma de hoz.

SUCHOMIMUS
Cretácico, 105 m.a.
Norte de
África
11 m de longitud

Suchomimus

ACROCANTHOSAURUS
Cretácico, 110 m.a.
Norteamérica
13 m de longitud
Acrocanthosaurus tenía espinas óseas de hasta 43 cm de longitud que crecían a lo largo de toda la columna vertebral, desde el cuello hasta la cola, y que bien podrían haber soportado una cresta. *Acrocanthosaurus* era un carnívoro feroz, con una enorme cabeza de 1,4 m de longitud. Sus mandíbulas mostraban 68 dientes serrados, idóneos para cortar la carne, aunque no para atravesar los huesos. Sus miembros delanteros acababan en poderosas manos dotadas de tres garras largas y curvadas, diseñadas para atrapar y aferrar a su presa.

Acrocanthosaurus

Suchomimus fue un pariente cercano de *Spinosaurus*, que convivió con él en las mismas regiones de la Tierra. Al igual que éste, poseía una cresta dorsal, aunque no tan alta. Otro rasgo común era su dieta, basada en peces. *Suchomimus* tenía un hocico de 1,2 m de longitud, en cuyo interior alojaba 100 dientes puntiagudos. Los dientes estaban afilados e inclinados ligeramente hacia atrás para impedir que el pez atrapado entre sus fauces pudiera escabullirse.

Sus miembros anteriores eran cortos, y las manos tenían tres dedos. En un dedo de cada mano, disponía de una garra en forma de hoz de 30 cm de longitud, la herramienta ideal para sacar un pez del agua, o sencillamente ensartarlo.

Spinosaurus

SPINOSAURUS

Cretácico
100 m.a.
África
15 m de longitud

Spinosaurus era un carnívoro gigante,
que al parecer se alimentaba de peces
que atrapaba con sus largas mandíbulas.
Una hilera de espinas óseas de hasta 2 m
de longitud que poseía sobre la espalda
sustentaba una cresta, posiblemente
coloreada. La cresta pudo cumplir funciones
de exhibición, actuando como reclamo para
la pareja durante el cortejo; pero también
pudo utilizarla para ahuyentar a otros
animales, sobre todo si le era posible variar
su color en otro de advertencia, haciéndole
adquirir un tono encarnado mediante la
afluencia de más sangre a su interior.
Otra hipótesis es que la cresta regulaba la
temperatura corporal del animal, captando
el calor solar para mantener al dinosaurio
caliente y, por lo tanto, activo.

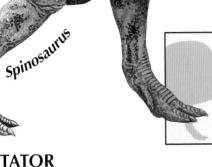

IRRITATOR

Cretácico, 100 m.a.
Sudamérica
8 m de longitud

También *Irritator*, un
espinosaurio sudamericano,
fue un piscívoro cuyas
mandíbulas, similares a las
de un cocodrilo, estaban
dotadas de dientes
unciformes ideales
para atrapar peces.
Hasta el momento,
sólo se conoce de él
un cráneo descubierto
por un buscador de
fósiles aficionado,
que empleó escayola
para "restaurar" su hocico roto.
Este gesto irritó tanto a los expertos ¡que
decidieron llamarlo *Irritator*! Como su
cráneo es muy similar al de *Spinosaurus* y
Suchomimus, se cree que *Irritator* tenía un
aspecto similar al de estos últimos y que
asimismo lucía una cresta dorsal.

Irritator

TEMPERATURA

Si las crestas dorsales del espinosaurio
servían para regular el calor corporal,
quizás captaban los primeros rayos del
sol, los cuales les proporcionarían
la energía suficiente para el
nuevo día.

El descubrimiento de un nuevo tipo de dinosaurio carnívoro es un gran acontecimiento, especialmente si su esqueleto fosilizado aparece prácticamente completo. Éste fue el caso de *Baryonyx*, una especie de dinosaurio piscívoro desconocida hasta entonces hallada en el sur de Inglaterra. No sólo se encontraron casi todos los huesos, sino que también los restos de su última comida salieron a la luz.

UN HÁBITAT FRONDOSO

Baryonyx pobló las orillas de los ríos y estanques en una llanura boscosa anegada donde crecían coníferas, cicadales, araucarias, helechos y colas de caballo. *Baryonyx* compartía este entorno con muchos otros animales, como el herbívoro *Iguanodon* y el carnívoro *Megalosaurus*. Tortugas y cocodrilos poblaban el agua y las libélulas surcaban el aire.

UNA GARRA DEL PULGAR GIGANTE

Baryonyx *tenía tres dedos en cada una de las manos. Los dedos más interiores (los pulgares) tenían una larga garra curva, que en un adulto maduro alcanzaba los 35 cm de longitud y que probablemente estaba cubierta con una funda córnea, al igual que las garras de un pájaro.* Baryonyx *significa "garra pesada".*

Garra del pulgar izquierdo

CARNÍVORO DE CUELLO LARGO

Baryonyx era un carnívoro bípedo. Tenía una cabeza estrecha y un hocico largo, similar al de un cocodrilo. Los miembros delanteros eran robustos y los dedos tenían garras curvas. Tenía un cuello largo y recto, algo poco habitual en los grandes carnívoros, la mayoría de los cuales poseen un cuello en "S". La cola era larga y recta.

EL DESCUBRIMIENTO

Un buscador de fósiles aficionado halló una de las garras del pulgar de *Baryonyx* en un arcillar en Surrey, Inglaterra, en 1983. Aquella primavera, los científicos del Museo de Historia Natural de Londres excavaron el lugar, descubriendo los restos fosilizados de *Baryonyx*, del que sólo había desaparecido su cola.

Un *Baryonyx* atrapa un pez de gran tamaño en la orilla de un estanque. Los afilados dientes y garras aseguraban que la escurridiza presa no pudiera escapar.

Nombre: Baryonyx
Vivió: hace 125 millones de años
Localización: Europa
Longitud: 10 m
Dieta: peces y posiblemente carroña
Hábitat: bosque abierto anegado

DIETA PISCÍVORA

Durante la excavación de *Baryonyx*, aparecieron los restos fosilizados de su última comida en el interior del estómago. Los científicos identificaron los dientes y las escamas de un tipo primitivo de pez llamado *Lepidotes*, que alcanzaba alrededor de 1 m de longitud. Además de peces, también podría haberse alimentado de carroña.

MANDÍBULAS REPLETAS DE DIENTES

Baryonyx poseía un cráneo alargado y delgado rematado por un extremo en forma de cuchara, que debió de serle útil para sacar peces del agua. Vista lateralmente, su mandíbula superior tenía forma de "S", un rasgo que comparte con los cocodrilos piscívoros modernos. Las mandíbulas albergaban 96 pequeños dientes afilados.

Los dinosaurios carnívoros desarrollaron numerosas características muy especializadas. Algunos, como *Troodon*, se adaptaron a la vida en el remoto norte, un entorno frío y umbrío donde las horas de oscuridad superaban a las de luz solar. En estas condiciones, una buena visión nocturna debió de ser una gran ventaja en el juego de la supervivencia. Otros carnívoros, como *Avimimus*, se transformaron en animales con numerosos rasgos similares a las aves, un signo de su lenta evolución hacia un tipo de animal completamente nuevo.

TROODON

Cretácico, 70 m.a.
Norteamérica, Europa
2 m de longitud
Carnívoro de tamaño medio, *Troodon* tenía una complexión ligera. Las largas patas traseras indican que probablemente era un corredor veloz que perseguía raudo a sus presas, tales como reptiles y mamíferos pequeños. También pudo ser un devorador de huevos, pues entre sus dientes se han encontrado cáscaras de huevos de dinosaurio rotas, lo que hace pensar que eran parte de su dieta. Quizás también se alimentó de crías indefensas de otros dinosaurios, saqueando los nidos cuando los adultos no vigilaban la camada.

SINORNITHOIDES

Cretácico, 105 m.a.
Asia
1,1 m de longitud

Sinornithoides

Sinornithoides, de tamaño similar al de un pavo, es uno de los dinosaurios carnívoros conocidos más pequeños. Las largas patas traseras indican que era un corredor veloz, y la gran cavidad cerebral del cráneo sugiere que era una criatura inteligente.

Sinornithoides tenía un cuerpo compacto y una larga cola en forma de látigo que aportaba la mitad de su longitud total. Su dieta debió de basarse en pequeños mamíferos y rectiles, así como en insectos.

Troodon

ORNITHOLESTES

Jurásico, 150 m.a.
Norteamérica
2 m de longitud
Ornitholestes era un carnívoro ágil que vivió en hábitats boscosos. Se alimentaba de lagartos, pequeños mamíferos y posiblemente de las primeras aves, que aparecieron durante el Jurásico superior. Pudo ser también un carroñero que se alimentaba de los restos de animales muertos. La pequeña cabeza de *Ornitholestes* albergaba unas mandíbulas con dientes aguzados y un hocico sobre el que crecía una cresta ósea. Para equilibrarse mientras corría, mantenía la cola larga y delgada erguida en posición horizontal y la torcía hacia un lado cuando quería cambiar de dirección.

Ornitholestes

AVIMIMUS

Cretácico
80 m.a.
Asia
1,5 m de longitud
Avimimus fue un dinosaurio de largos miembros traseros con aspecto de ave, aunque realmente no lo era. Su cabeza era similar a la de un pájaro, dotada de un cerebro grande, ojos grandes y un pico sin dientes. Las extremidades delanteras las mantenía plegadas cerca del cuerpo, al igual que las aves pliegan sus alas. Aunque en su caso no se han hallado indicios de plumas, algunos científicos creen que las pudo tener en los brazos –aunque no podría volar, ya que éstos eran demasiado cortos para permitir el vuelo–. *Avimimus* fue probablemente un omnívoro que se alimentaba de plantas y animales, sobre todo de insectos.

Avimimus

BUENA VISIÓN

Troodon poseía ojos grandes, de alrededor de 5 cm de diámetro, lo que indica que tenía una buena visión. Pudo ser un cazador nocturno, capaz de avistar a su presa en la oscuridad. Dado que vivió en el norte de Canadá y Rusia, no lejos del Círculo Polar Ártico, donde los días invernales son cortos, una visión aguda constituiría un elemento esencial para la supervivencia.

OVIRAPTOR

Este dinosaurio fue encontrado en la década de 1920 sobre un nido de huevos, que originalmente se atribuyó a *Protoceratops*, un herbívoro de talla media. Se pensó que el nuevo dinosaurio estaba robando los huevos de *Protoceratops*, de ahí el nombre de *Oviraptor*, "ladrón de huevos". Más tarde, en la década de 1990, se descubrieron otros huevos similares a los anteriores y, puesto que en el interior de uno de ellos se halló una cría de *Oviraptor*, se descartó la idea de que este dinosaurio fuera un ladrón de huevos. En realidad, *Oviraptor* se encontraba sobre su propio nido, donde incubaba los huevos hasta su eclosión.

EL CRÁNEO

El cráneo de Oviraptor era pequeño y de poco peso, con grandes aberturas oculares.
La característica más sorprendente de su cráneo era la gran cresta ósea que crecía por encima de su nariz. La cresta estaba probablemente cubierta de sustancia córnea. Su pico desdentado era muy similar al pico de un ave.

Un grupo de Oviraptor en su territorio de puesta se ocupa de sus nidos colocando cuidadosamente los huevos.

58

UN DINOSAURIO CON ASPECTO DE AVE

Oviraptor era un carnívoro de largas patas traseras, cola larga y apuntada y grandes ojos. Tenía potentes extremidades delanteras dotadas de garras y un pico sin dientes. Sobre su cabeza de ave tenía una cresta ósea elevada, de función incierta. Los científicos creen que *Oviraptor* estaba cubierto por una capa de plumón y que podría haber tenido cubiertas algunas partes de su cuerpo con plumas, sobre todo sus miembros delanteros. Sus manos eran alargadas y adecuadas para asir. Los tres dedos de que estaban dotadas terminaban en robustas garras curvas de unos 8 cm de longitud.

ASESINO IMPLACABLE

Oviraptor era un animal veloz que pudo dar caza a pequeñas presas, a las que mataría a picotazos y pellizcos con el pico. La forma de su pico indica que podría haberse alimentado de plantas, en cuyo caso sería omnívoro, un animal que se alimenta de plantas y animales.

Nombre: Oviraptor
Vivió: *hace 80 millones de años*
Localización: *Asia*
Longitud: *1,8 m*
Dieta: *carne, insectos, huevos, plantas*
Hábitat: *áreas semidesérticas*

PADRE ATENTO

Oviraptor vivía en un hábitat árido semidesértico, puede que en grupo. Las largas extremidades traseras nos indican que debía de ser veloz. Si fue algo parecido a un avestruz actual, pudo alcanzar velocidades de hasta 70 km/h en tramos cortos. El aspecto más destacable de su modo de vida es que incubaba sus huevos, lo que hace pensar que los padres *Oviraptor* cuidaban de sus pequeños.

NIDOS Y CRÍAS

Oviraptor *construía un nido de arena al que daba forma de cráter. En el centro del cráter ponía sus huevos en disposición circular, entre 15 y 20, de forma oval y alargada. Al igual que las aves,* Oviraptor *se posaba sobre ellos para incubarlos hasta que eclosionaban.*

Hubo un grupo de dinosaurios con una apariencia muy similar a las aves ápteras actuales –los avestruces, los emúes y las gallinas–. Se trata de los ornitomímidos, que significa "imitadores de las aves". Tenían extremidades traseras largas, claramente idóneas para la velocidad, picos sin dientes y esbeltos miembros delanteros con manos prensiles. Los dinosaurios de este grupo poblaban numerosas regiones del mundo.

ORNITHOMIMUS

Cretácico, 70 m.a.
Norteamérica
3,5 m de longitud
Ornithomimus, un dinosaurio de miembros traseros largos, era un corredor veloz, aunque se desconoce si ello le servía para huir de sus depredadores o para perseguir a sus presas. Pudo ser omnívoro, al igual que otros miembros de la familia que también poseían picos óseos sin dientes. Si ello fuera cierto, *Ornithomimus* podría haber tenido una dieta mixta compuesta de insectos, pequeños reptiles y mamíferos, frutos, huevos, semillas y hojas. El pico con forma de tijera le habría permitido cortar su alimento.

GALLIMIMUS

Cretácico, 70 m.a.
Asia
6 m de longitud
Gallimimus tenía una cabeza pequeña dotada de un pico óseo desdentado, largo y aplanado. Sus grandes ojos podrían indicar que su visión era buena. El cuello era largo y flexible y su cuerpo corto y compacto. Cuando corría, debía mantener la cola estirada en posición horizontal para mantener el equilibrio. Tenía tres dedos en cada mano, rematados por garras afiladas. Las delgadas y largas extremidades traseras estaban dotadas también de tres dedos con garras. *Gallimimus* fue el más grande de los dinosaurios con aspecto de avestruz.

Gallimimus

Ornithomimus

DEINOCHEIRUS

Cretácico, 70 m.a.
Asia
Longitud desconocida

Deinocheirus es un dinosaurio misterioso. Hasta el momento, todo lo que se ha encontrado de él son los enormes huesos de la extremidad delantera –que alcanzan unos increíbles 2,4 m de longitud, los más largos de cualquier dinosaurio conocido–. Sus manos finalizaban en garras de 25 cm de longitud. Basándose en estas larguísimas extremidades, los científicos afirman que se trata de un dinosaurio con aspecto de avestruz. De ser esto cierto, sería el miembro más grande de la familia, duplicando el tamaño de *Gallimimus*, el siguiente más grande.

Deinocheirus

STRUTHIOMIMUS

Cretácico, 70 m.a.
Norteamérica
3,5 m de longitud

Otro dinosaurio de largas extremidades concebido para correr fue *Struthiomimus*, un animal de complexión ligera que podría haber vivido en grandes manadas. El cuello, largo y curvo, estaba rematado por una pequeña cabeza dotada de un pico sin dientes, semejante al de las aves. Las extremidades delanteras eran bastante robustas, con garras curvas en los extremos de sus dedos. *Struthiomimus* tenía una cola larga y erecta, que mantenía estirada en posición horizontal cuando corría. La cola actuaba de contrapeso, ayudándole a mantener el equilibrio y no desplomarse.

Struthiomimus

UNA DIETA MIXTA

En el pasado se creía que dinosaurios como Gallimimus *eran herbívoros. Actualmente se piensa que eran omnívoros, es decir, con una dieta basada en plantas y animales. Los dedos largos y las garras afiladas parecen haber sido instrumentos idóneos para atrapar lagartos e insectos.*

Los científicos
los llaman dromeosaurios,
que significa "lagartos corredores",
pero existe para ellos un nombre más
conocido: raptores. Los dromeosaurios se
encuentran entre los dinosaurios más fieros,
equipados con pies de largas garras
flagelantes y manos grandes y prensiles.
Según los conocimientos actuales, estos
dinosaurios fueron los antepasados de las
aves. Algunos dromeosaurios pudieron
tener plumas, y sus brazos podrían haber
evolucionado hasta dar lugar a alas.

VELOCIRAPTOR

Cretácico, 70 m.a.
Asia
1,8 m de longitud
Velociraptor era un depredador feroz,
armado con dientes serrados y afilados y
una gran garra curva en forma de hoz en
el segundo dedo de cada pie. Cuando
Velociraptor andaba o corría, mantenía
levantadas del suelo sus temibles garras,
evitando así su desgaste. Durante el ataque
a una presa, las garras se
proyectaban hacia delante

y actuaban como
enormes cuchillas, que
sin duda alguna debían de
causar profundas heridas a su víctima.
Los restos fósiles de *Velociraptor* fueron
hallados en pleno combate con un
Protoceratops, una prueba de que éste
era una presa de aquél. *Velociraptor*
seguramente vivía en grupo y cazaba
individuos débiles o viejos.

PYRORAPTOR

Cretácico, 70 m.a.
Europa
1,8 m de longitud

Pyroraptor

Pyroraptor era un pequeño terópodo bípedo,
cuyos dientes, pies, garras y vértebras
fosilizados se han hallado en el sur de
Francia. Las garras curvas y fulminantes,
de 6,5 cm de longitud, indican que era
un dromeosaurio –uno de los lagartos con
aspecto de ave corredores y carnívoros, muy
escasos en Europa–. Puede que *Pyroraptor*
sea el mismo animal que *Variraptor*,
otro dromeosaurio encontrado
en la misma región francesa.

Velociraptor

DROMAEOSAURUS

Cretácico, 70 m.a.
Norteamérica
1,8 m de longitud

Dromaeosaurus

UTAHRAPTOR

Cretácico, 125 m.a.
Norteamérica
6,5 m de
longitud

Utahraptor

Dromaeosaurus fue el primer dromeosaurio que se encontró. Al igual que otros miembros de su familia, era un depredador ágil y rápido, que probablemente pudo alcanzar los 60 km/h en distancias cortas. Tenía poderosas mandíbulas, dotadas de afilados dientes, y una gran garra curva en el dedo del pie más interior, que podría haber retraído cuando no la empleaba, como hace el gato con sus garras. Los grandes ojos nos revelan que tenía una buena visión.

Utahraptor es el mayor dromeosaurio conocido. Tenía pies de cuatro dedos, el segundo de los cuales poseía una enorme garra curva, que en un adulto maduro podía alcanzar los 38 cm de longitud. Los dedos de sus miembros delanteros estaban rematados por garras más pequeñas. Depredador ágil, *Utahraptor* probablemente empleó una combinación de velocidad y fuerza bruta para dar caza a sus presas. Infligía profundas heridas a sus víctimas propinándoles patadas con los pies y empleando sus garras asesinas para desgarrar las partes no protegidas de sus cuerpos, como el vientre, mientras las sujetaba con las manos y sus afilados dientes serrados.

CAZADORES INTELIGENTES

Los dromeosaurios eran animales inteligentes capaces de comunicarse y cooperar. A la hora de cazar una presa, lo hacían en grupo, persiguiendo a sus víctimas herbívoras. Probablemente *separaban un animal de la manada, en especial si era una cría o un ejemplar viejo o enfermo. Aislado del resto, el grupo de cazadores se abalanzaría sobre él para matarlo.*

DEINONYCHUS

Hasta la fecha, se han hallado varios esqueletos fosilizados de *Deinonychus*, lo que hace de él uno de los dinosaurios más estudiados y mejor conocidos. Veloz y ágil, *Deinonychus* fue un depredador formidable, capaz de herir a un animal mucho mayor que él. Cazaba en grupo, por lo que debía de ser un animal inteligente y frío, capaz de anticiparse a la acción de su víctima.

GARRA TERRIBLE

Deinonychus *tenía una larga garra curva en el segundo dedo de cada pie, que le ha dado su nombre ("garra terrible"). En un ataque, esta garra, que en un adulto alcanzaba los 13 cm, era proyectada hacia adelante y hacia abajo. Esta poderosa acción fulminante provocaría un corte profundo en la carne de su víctima.*

UN CAZADOR DEL TAMAÑO DE UN HOMBRE

Con 2 m de altura, *Deinonychus* tenía aproximadamente la talla de un hombre alto. Ágil y rápido, se desplazaba sobre sus dos poderosas extremidades traseras. Cada pie estaba dotado de tres dedos, donde poseía el rasgo más distintivo hallado, una garra alargada y mortal. Las extremidades delanteras eran largas, al igual que sus manos, dotadas de tres dedos y poderosas zarpas curvas. El cuello era largo y flexible y permitía el movimiento fácil de la cabeza. Tenía menos movilidad en la espalda y la cola, que se mantenían rígidas y estiradas debido a los poderosos ligamentos y barras óseas. Cuando corría a gran velocidad, mantenía su cola en posición horizontal tras él para ayudarle a mantener el equilibrio. Tenía los grandes ojos de un cazador, lo que indica una buena visión.

DIENTES DESGARRADORES

Deinonychus *poseía una cabeza y una mandíbula grandes. El cráneo era ligero, y sus fauces alojaban numerosos dientes curvados hacia atrás de 8 cm de longitud y de bordes serrados. Semejante dentadura permitía a Deinonychus desgarrar más que cortar limpiamente la carne. Con los poderosos músculos de sus mandíbulas podía propinar una terrible y rápida dentellada.*

*Una manada de Deinonychus ataca
a un herbívoro indefenso. Las heridas
que le causan ocasionarán su muerte
lenta debido a la pérdida de sangre
o a infecciones posteriores.*

¿DEPREDADOR O CARROÑERO?

Deinonychus era carnívoro, el mayor
depredador de su época y de su territorio.
Probablemente cazaba en grupos de hasta
10 individuos, vagando en busca de presas
por los bosques abiertos donde vivía. Se
sabe con certeza que una de sus presas fue
un gran dinosaurio herbívoro llamado
Tenontosaurus, ya que se han
encontrado dientes fosilizados de
Deinonychus junto a un esqueleto
petrificado de este animal.

Mientras
algunos científicos
afirman que ello
prueba que *Deinonychus*
cazaba y mataba a este
pacífico herbívoro, otros
discrepan y afirman que era un
carroñero que se alimentaba de los
restos de animales muertos.

Nombre: Deinonychus
Vivió: *hace 110 m.a.*
Localización: *Norteamérica*
Longitud: *3 m*
Dieta: *carne*
Hábitat: *bosque
abierto*

Familiares cercanos de los dromeosaurios eran unos dinosaurios carnívoros, ágiles, de pequeño tamaño y de aspecto algo similar a las aves. Sus cuerpos estaban cubiertos de plumón; los brazos emplumados parecían alas, y las garras de los pies les permitían trepar a los árboles. Se les conoce como "dinosaurios-ave": no eran aves como las que conocemos hoy, pero tampoco dinosaurios.

ARCHAEOPTERYX

Jurásico, 150 m.a.
Europa
60 cm de longitud

Archaeopteryx

Archaeopteryx poseía plumas y una espoleta, ambas características de las aves. Las plumas de las alas eran asimétricas y podrían haberle permitido volar. Por otro lado, los dientes, el cuello flexible, los dedos con garras, las largas patas y la cola ósea son rasgos reptilianos. A pesar de su aspecto de ave, los músculos de sus alas no eran demasiado fuertes y posiblemente no pudo volar grandes distancias. Las garras de sus alas pudieron ayudarle a aferrarse y trepar por los árboles. Una vez en el árbol, *Archaeopteryx* pudo emplear sus alas para planear y desplazarse de una rama a otra.

PROTARCHAEOPTERYX

Jurásico, 150 m.a.
Asia
1 m de longitud

Protarchaeopteryx, un dinosaurio emplumado chino, es notable por sus largos brazos, dotados de manos de tres dedos con garras, y por su cola en forma de abanico. Las plumas de sus alas eran simétricas, como las de las aves ápteras modernas. Ello hace pensar que *Protarchaeopteryx* fue incapaz de volar. Sin embargo, dado que sus brazos y manos son tan similares a los de los pequeños dinosaurios carnívoros, se cree que el aleteo de las aves evolucionó a partir del movimiento vertical cuyo objetivo era agarrar a la presa. Pero ¿por qué desarrollaron plumas los dinosaurios carnívoros si, al menos inicialmente, no las emplearon para volar? La respuesta parece ser que las plumas se desarrollaron como medio aislante para mantener caliente el cuerpo.

Protarchaeopteryx

MICRORAPTOR

*Cretácico,
125 m.a.
Asia
40 cm de
longitud*
Microraptor, un
dinosaurio con plumas
chino, fue un
miembro temprano
de los dromeosaurios,
la familia de los
"lagartos corredores"
que incluye al *Velociraptor*.
Al igual que en otros "dinosaurios-
ave", las plumas de *Microraptor*
no estaban completamente
desarrolladas, y muy
posiblemente no pudo volar.
El cuerpo estaba cubierto de un
cálido plumón. Los científicos que
han estudiado los pies creen que
Microraptor pudo emplearlos para
sostenerse sobre las ramas de los árboles,
lo que sugiere que pasó parte de su tiempo
en ellos, alejado del suelo. Los numerosos
dientes pequeños le permitían triturar
insectos y otras presas.

Microraptor

BAMBIRAPTOR

*Cretácico, 75 m.a.
Norteamérica
1 m de longitud*

Bambiraptor

De un tamaño
similar al de una
gallina, *Bambiraptor* era
un pequeño dinosaurio
carnívoro cubierto de suaves
plumas que lo mantenían
caliente. Seguramente no pudo
volar, pero fue un corredor veloz,
capaz de dar caza a pequeños
reptiles y mamíferos. A sus presas,
las mataba con una combinación de
mordiscos propinados con sus afilados
dientes, zarpazos de sus largas garras
posteriores y posiblemente también con
golpes de su cola en forma de látigo.

LA AFICIÓN POR LOS ÁRBOLES

*Hace unos años, la idea de
dinosaurios trepando a los
árboles habría resultado
descabellada. En
la actualidad,
a medida que
nuevas especies de
dinosaurios con plumas
salen a la luz y
muestran que sus
pies podrían haberles
permitido aferrarse,
parece posible que
estas pequeñas
criaturas treparan
a los árboles,
como las
aves.*

China ha destacado como lugar de descubrimiento de dinosaurios emplumados, concretamente una zona del país donde la roca de textura fina ha conservado las impresiones más delicadas de las plumas. A partir de estos hallazgos, se están esclareciendo los vínculos existentes entre los dinosaurios y las aves.

SINORNITHOSAURUS

Cretácico, 125 m.a.
Asia
1 m de longitud

Sinornithosaurus

El descubrimiento más destacable sobre *Sinornithosaurus*, un dinosaurio carnívoro chino del tamaño de un pavo, no fue que tuviera plumas, sino que pudiera "aletear" con sus brazos. Esto era posible porque las escápulas permitían el movimiento vertical y la elevación de los brazos por encima de los hombros, al igual que en las aves. Los científicos creen que *Sinornithosaurus* empleaba este movimiento de "aleteo" de sus brazos para mantener el equilibrio mientras corría velozmente persiguiendo a la presa, que capturaba y devoraba.

CAUDIPTERYX

Cretácico, 130 m.a.
Asia
1 m de longitud
Caudipteryx, un dinosaurio emplumado chino, no podía volar. Los brazos no tenían la longitud suficiente para actuar como alas, y sus plumas simétricas, rectas y uniformes, eran inadecuadas para el vuelo. Para volar como un pájaro se necesitan plumas asimétricas, curvadas y desiguales. *Caudipteryx* poseía largas patas y una cabeza pequeña con dientes en la región frontal de la mandíbula superior. La cola en abanico tenía plumas de 20 cm de longitud. Al igual que algunas aves modernas, ingería pequeñas piedras con las que trituraba su alimento.

Caudipteryx

SINOSAUROPTERYX

Cretácico, 130 m.a.
Asia
   1 m de longitud

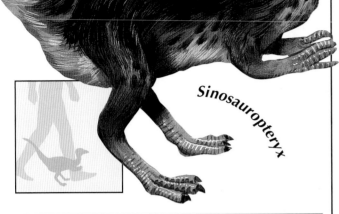

Sinosauropteryx

Cuando los científicos observaron la cavidad estomacal de *Sinosauropteryx*, un "dinosaurio-ave" de China, hallaron restos de su última comida. Esta criatura similar a un ave áptera era sin duda carnívora, ya que su estómago contenía los huesos de la mandíbula de un pequeño mamífero. *Sinosauropteryx*, como muchos otros terópodos, tenía dientes afilados de bordes serrados, adecuados para trinchar la carne. Incapaz de volar, probablemente las plumas aislaban su cuerpo, manteniéndolo caliente.

BEIPIAOSAURUS

Cretácico, 125 m.a.
Asia
2,1 m de longitud
Voluminoso y pesado, *Beipiaosaurus*, procedente de China, es el mayor de los dinosaurios conocidos hasta la fecha, con plumas en parte o en la totalidad de su cuerpo. Las plumas eran abundantes sobre todo en las extremidades. Los miembros delanteros acababan en zarpas curvas y afiladas como las de *Therizinosaurus*, con el que está emparentado. Algunos científicos creen que era herbívoro.

PLUMAS PARA EXHIBIRSE

Caudipteryx, significa "cola emplumada". Recibió este nombre por las llamativas plumas de su cola. Éstas podrían haber estado coloreadas y haber sido empleadas en rituales de cortejo, extendidas en abanico para atraer a la pareja, del mismo modo que hacen las aves actuales. También podría haberlas extendido a fin de aparentar mayor tamaño, un truco para ahuyentar a otros animales.

Beipiaosaurus

CAPÍTULO TRES

DINOSAURIOS HERBÍVOROS GIGANTES

SAURÓPODOS – LOS HERBÍVOROS GIGANTES

En 1878, el famoso buscador de fósiles norteamericano Othniel Charles Marsh (1831-1899) bautizó con el nombre de saurópodos, "pies de lagarto", a los mayores dinosaurios terrestres que han existido. Estos gigantes eran herbívoros y aparecieron por primera vez hace unos 220 millones de años, aunque fueron más abundantes durante el Jurásico. El último de ellos desapareció hace alrededor de 65 millones de años.

CARACTERÍSTICAS DE LOS SAURÓPODOS

Los saurópodos se desplazaban sobre sus cuatro extremidades gruesas y robustas como columnas. Los adultos oscilaban entre los 7 y los 40 m de longitud y poseían largos cuellos y colas. Sin embargo, sus cabezas eran sorprendentemente pequeñas si se las compara con el tamaño del cuerpo.

Brachiosaurus

Unas patas robustas resultaban esenciales para soportar el enorme peso del animal. Los huesos de las extremidades de los saurópodos eran los más largos y gruesos del esqueleto.

ALIMENTO PARA TODOS

Ser alto tiene sus ventajas. Con sus largos cuellos, los saurópodos alcanzaban las copas de los árboles y podían alimentarse del follaje al que otros herbívoros de menor talla, incluidas sus propias crías, no podían llegar. Mientras los adultos ramoneaban en las alturas, las crías pacían en las partes más bajas de los árboles. Así, todos podían alimentarse, sin que las crías entraran en competencia por el alimento con los padres.

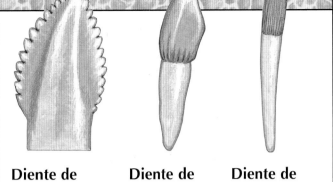

Diente de *Plateosaurus*   **Diente de** *Apatosaurus*   **Diente de** *Diplodocus*

Los dientes de los herbívoros estaban moldeados para deshojar las ramas de los árboles. Unos tenían forma de cuchara y otros de clavija.

LA ROBUSTEZ COMO DEFENSA

Ser grande también tiene sus ventajas. La corpulencia de un animal es su mejor arma defensiva, lo que probablemente pueda aplicarse a los saurópodos. Aunque no podían competir en velocidad con los dinosaurios carnívoros, el gran tamaño de estos herbívoros les permitía responder a las agresiones con una fuerza inusitada; las patadas y los coletazos de un saurópodo podían ocasionar graves heridas.

¿DÓNDE VIVIERON?

Los saurópodos colonizaron extensas regiones de la Tierra, y sus fósiles se han descubierto en todos los continentes salvo en la Antártida –al menos hasta el momento–.

Diplodocus

Camarasaurus

En un paisaje del Jurásico, 150 millones de años atrás, Brachiosaurus y otros herbívoros gigantes se alimentan de las hojas de las copas de los árboles.

Hace unos 230 millones de años, apareció sobre la Tierra un grupo de dinosaurios herbívoros de cuello largo, cabeza pequeña y cuerpo enorme, que prosperaron durante 50 millones de años hasta su desaparición hace 180 millones de años. Se les conoce con el nombre de prosaurópodos, "predecesores de los saurópodos". Pese a su nombre, no se sabe con seguridad si son los antepasados de los saurópodos; algunos científicos creen que fue así, pero otros creen que no existe parentesco alguno.

MELANOROSAURUS

Triásico, 220 m.a.
Sudáfrica
12,2 m de longitud

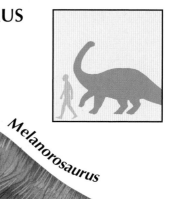

Melanorosaurus

Melanorosaurus, hallado en Sudáfrica, era un dinosaurio corpulento dotado de una larga cola. Se desplazaba sobre sus cuatro patas, y las patas traseras eran más largas que las delanteras. Los pies tenían cinco dedos. A pesar de que no ha sido hallado ningún cráneo de *Melanorosaurus*, se cree que, como en el caso de los restantes prosaurópodos, una cabeza pequeña culminaba su largo cuello. *Melanorosaurus* y los demás miembros de la familia de los prosaurópodos fueron los primeros dinosaurios completamente herbívoros.

PLATEOSAURUS

Triásico, 220 m.a.
Europa
7 m de longitud
Plateosaurus es uno de los dinosaurios gigantes más antiguos de Europa. Tenía un cráneo pequeño, que era alargado y estrecho, un cuello largo y un cuerpo en forma de pera. El peso se concentraba sobre sus caderas, y las patas traseras eran más largas que las delanteras. *Plateosaurus* podría haber sido capaz de alzarse sobre las patas traseras para alcanzar las copas de los árboles altos y de correr erguido sobre las patas posteriores para escapar de algún peligro. Durante la mayor parte del tiempo, debió de desplazarse sobre las cuatro patas. Se cree que *Plateosaurus* era un animal gregario.

Plateosaurus

MUSSAURUS

Triásico, 215 millones de años
Sudamérica
3 m de longitud

Mussaurus fue uno de los primeros dinosaurios herbívoros de Sudamérica. Vivió en un entorno desértico, posiblemente en rebaños. Aunque todavía no se han descubierto ejemplares adultos, sí se han hallado crías en un nido. Los huevos de *Mussaurus* tenían 2,5 cm de longitud, más pequeños que los huevos de una oca. Un *Mussaurus* adulto podría haber alcanzado el tamaño de un hipopótamo. Debieron de alimentarse de las hojas fibrosas de las cicadales y las coníferas, mientras que sus crías comerían las partes más tiernas de los vegetales.

Mussaurus

RIOJASAURUS

Triásico, 220 m.a.
Sudamérica
11 m de longitud

Riojasaurus

Riojasaurus fue uno de los mayores dinosaurios prosaurópodos, además de ser uno de los más antiguos. A diferencia de algunos de sus parientes –por ejemplo *Plateosaurus*–, *Riojasaurus* no podía alzarse sobre sus patas traseras, aunque éstas fueran ligeramente más largas que las delanteras. Apoyaba las cuatro extremidades en el suelo cuando caminaba y cuando ramoneaba entre los árboles altos. A pesar de su gran tamaño, *Riojasaurus* no fue un dinosaurio especialmente pesado. Las vértebras tenían espacios huecos en su interior, que le ayudaban a reducir el peso. Puesto que los saurópodos, de aparición posterior, también tenían vértebras huecas, algunos científicos creen que ello demuestra que descienden de prosaurópodos tales como *Riojasaurus*.

LA MARCHA DE LOS HERBÍVOROS

Los prosaurópodos, al igual que los saurópodos que les sucedieron, caminaban con las cuatro extremidades estiradas bajo su enorme cuerpo del mismo modo que los elefantes actuales. Se sabe que fue así por las huellas fosilizadas de estos animales que se han encontrado.

El mundo de los prosaurópodos era muy distinto del actual. Los continentes que hoy conocemos no existían. En su lugar, toda la tierra no sumergida del planeta estaba agrupada formando un único supercontinente, llamado Pangea, donde los dinosaurios campaban a sus anchas. La división de Pangea señaló el inicio de la formación de los continentes actuales. Los distintos bloques de tierra se desplazaron alrededor del globo llevando consigo a los prosaurópodos y a otros animales. Todos los continentes, incluida la Antártida, contienen fósiles de estos dinosaurios.

THECODONTOSAURUS
Triásico, 210 millones de años
Europa
2,1 m de longitud
Thecodontosaurus poseía miembros traseros largos y brazos cortos. Se cree que caminaba a cuatro patas cuando pastaba por el suelo, pero que se alzaba sobre sus dos miembros traseros cuando quería pacer en las copas de los árboles.

También podría haberse alzado para correr o trotar distancias cortas.

Thecodontosaurus tenía cuatro dedos en cada pie y cinco dedos en cada mano. Sus pulgares esgrimían enormes garras, que pudo emplear como garfios para agarrar las ramas y llevarlas a la boca. Tenía los molares en forma de cuchara, con bordes serrados y el extremo superior en punta.

SELLOSAURUS
Triásico, 225 m.a.
Europa
2,4 m de longitud
Este pequeño dinosaurio de complexión ligera era bípedo

y cuadrúpedo a la vez, ya que podía caminar sobre dos o cuatro patas. Las manos, de cinco dedos, tenían pulgares dotados de garras enormes. Herbívoro de larga cola, las patas traseras eran más largas que las delanteras. *Sellosaurus* era similar a *Plateosaurus*, pero vivió algo antes que él y era más pequeño. Los dientes también eran muy distintos, lo que ha llevado a pensar a los científicos que se alimentó de plantas más tiernas que *Plateosaurus*.

LUFENGOSAURUS

Jurásico, 200 m.a.
Asia
6 m de longitud

Lufengosaurus era un pariente de Plateosaurus, cuyos fósiles se han encontrado en China. Era un animal de cuello largo y cabeza pequeña y sus mandíbulas albergaban un gran número de dientes muy espaciados.

Lufengosaurus era un herbívoro cuadrúpedo que podría haber sido capaz de erguirse sobre sus cuartos traseros con el fin de ramonear en las copas de los árboles. Tenía dedos largos, y grandes garras remataban sus pulgares.

Lufengosaurus

Anchisaurus

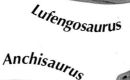

ENGULLIR LA COMIDA

Los dinosaurios herbívoros deshojaban las ramas y engullían las hojas. Los dientes crecían espaciados para poder atrapar entre ellos las hojas blandas de las ramas. Al carecer de muelas, la comida que entraba en sus fauces era engullida, para lo que necesitaban la ayuda de los poderosos músculos del cuello, que empujaban el alimento hacia el estómago.

ANCHISAURUS

Jurásico, 190 millones de años
Norteamérica, África
2,4 m de longitud

Pequeño herbívoro cuadrúpedo, Anchisaurus se desplazaba a cuatro patas con el cuerpo cercano al suelo. No obstante, podría haber sido capaz de ponerse en pie sobre las patas traseras para pacer, apoyando la cola en el suelo para soportar el cuerpo. De este modo, podía alcanzar la vegetación alta, arrancando las hojas con los dientes de bordes serrados en forma de cuchara y alojando las hojas en las mejillas hasta su deglución. Una vez en el estómago, las hojas eran probablemente trituradas con la ayuda de pequeñas piedras, llamadas gastrolitos, hasta quedar reducidas a una pulpa digerible. Anchisaurus pudo emplear las garras de sus pulgares para asir las ramas y llevárselas a la boca.

MASSOSPONDYLUS

El prosaurópodo *Massospondylus* es un ejemplo de herbívoro de gran tamaño, de cuello y cola largos, que vivió durante el Jurásico inferior. Era un dinosaurio que precedió a los auténticos gigantes herbívoros del Jurásico superior, un anticipo de lo que llegaría.

LARGO Y BAJO

Massospondylus era largo y bajo, con una altura en la cruz de algo más de 1 m. Al igual que los restantes prosaurópodos, tenía un cuerpo voluminoso, cuello y cola largos y cabeza pequeña. Las mandíbulas tenían dientes frontales similares a clavijas redondeadas, diseñados para arrancar hojas de las ramas. *Massospondylus* tenía grandes manos dotadas de pulgares con garras igualmente grandes.

En un paisaje del Jurásico inferior, hace 200 millones de años, un grupo de Massospondylus pace de la vegetación rastrera, de las copas de los helechos arborescentes y de los gingos.

PARA LLEGAR MÁS ALTO

Massopondylus, al igual que otros muchos prosaurópodos, debió de alzar sus miembros delanteros para caminar sobre las patas traseras tramos cortos, así como para alcanzar las copas de los árboles altos. Al igual que el ganado actual, probablemente *Massospondylus* pasó la mayor parte del tiempo paciendo y recorriendo largas distancias en busca de alimento. *Massospondylus* pudo vivir en rebaños, y fue un dinosaurio muy común en lo que hoy es Sudáfrica, donde se han hallado numerosos esqueletos fósiles.

PIEDRAS EN EL ESTÓMAGO

Los herbívoros tragaban piedras que alojaban en sus estómagos musculosos. Las piedras estomacales, o gastrolitos, trituraban los vegetales que comían hasta convertirlos en una pulpa digerible. Un ejemplar de Massospondylus *hallado en Zimbabwe, en el sur de África, tenía gastrolitos que provenían de un lugar situado a 20 km de donde fue hallado su esqueleto.*

UN DEVORADOR DE ÁRBOLES

Massospondylus se alimentó de la vegetación del Jurásico: agujas de coníferas, frondes de cicadales y helechos arborescentes, hojas de gingo y colas de caballo del sotobosque.

Nombre: Massospondylus
Vivió: *hace 200 millones de años*
Localización: *África, Norteamérica*
Longitud: *5 m*
Dieta: *plantas*
Hábitat: *bosques abiertos*

LA GARRA DE MASSOSPONDYLUS

Massospondylus *tenía cinco dedos en las manos, y una gran garra curva remataba sus pulgares. Quizás empleó estas garras para arrancar la vegetación o para agarrar las ramas más altas y llevárselas a la boca.*

El árbol genealógico de los saurópodos puede dividirse en varios grupos de dinosaurios herbívoros gigantes, todos ellos distintos entre sí. Un grupo, el de los cetiosaurios, incluye algunos de los primeros saurópodos que aparecieron. Eran animales de cuello y cola largos y cuerpos pesados. Muchos de ellos estaban dotados de columnas vertebrales macizas, una característica de los primitivos, o primeros, saurópodos.

Cetiosaurus

BARAPASAURUS

Jurásico, 200 m.a.
Asia
18 m de longitud
Barapasaurus es uno de los saurópodos más primitivos. Hallado en la

India, tenía un cuerpo voluminoso y pesado, una cola larga y patas inusualmente estilizadas para ser un herbívoro gigante –otros saurópodos tenían patas muy gruesas–. Desgraciadamente, su cráneo no ha sido hallado hasta ahora, aunque se han encontrado algunos de sus dientes. Los dientes tenían forma de cuchara y bordes serrados, un diseño perfectamente indicado para arrancar hojas de las ramas. *Barapasaurus* pudo vivir en rebaños.

CETIOSAURUS

Jurásico, 175 m.a.
Europa, África
18 m de longitud
Cetiosaurus es famoso por ser el primer saurópodo descubierto y también por ser el primero que recibió un nombre científico. Sus gigantescos huesos fueron hallados en 1809 en Inglaterra. En 1841, fue bautizado como *Cetiosaurus*, "lagarto ballena". Este

Haplocanthosaurus

nombre se lo dieron las primeras personas que estudiaron sus restos hace más de 150 años, ya que creían que se trataba de una criatura marina, quizás un cocodrilo o una ballena gigante. Sólo después pudo averiguarse que se trataba de un animal terrestre. *Cetiosaurus* caminaba sobre sus cuatro patas, gruesas como pilares. Como el cuello de *Cetiosaurus* era rígido, no le era posible levantar la cabeza muy por encima de su lomo.

Barapasaurus

HAPLOCANTHOSAURUS

Jurásico, 150 millones de años
Norteamérica
22 m de longitud

Hasta el momento, no se han descubierto esqueletos completos de este saurópodo –faltan el cráneo y algunos huesos de la cola–. A pesar de las partes desaparecidas, es evidente que *Haplocanthosaurus* fue un gran herbívoro cuadrúpedo, dotado de cuello y espalda largos y patas delanteras alargadas. Es además el saurópodo más antiguo hallado en Norteamérica. Los primeros saurópodos tenían vértebras macizas –las vértebras huecas, que ayudaban a aligerar el peso, se desarrollaron entre los gigantes herbívoros que vivieron en momentos posteriores del Jurásico–.

SHUNOSAURUS

Jurásico, 170 m.a.
China
10 m de longitud

Se han hallado numerosos ejemplares de *Shunosaurus* en China, y gracias a ello es uno de los dinosaurios saurópodos mejor conocidos. Su característica más sorprendente es la espinosa maza ósea que remata su larga cola, formada a partir de la fusión de varios huesos. Esta pesada maza sería probablemente agitada ante el agresor, el cual se vería obligado a mantenerse a distancia. *Shunosaurus* es el único saurópodo conocido dotado de una maza en la cola, característica que se asocia habitualmente a los dinosaurios acorazados, como *Ankylosaurus*.

Shunosaurus

HUESOS HUECOS

A medida que los saurópodos aumentaron de tamaño a lo largo del Jurásico, sus vértebras cambiaron. De estar formadas por hueso macizo, pasaron a desarrollar espacios huecos en su interior. Estos huecos ayudaban a reducir el peso del animal sin afectar considerablemente a la robustez de las vértebras, que actuaban como soporte del animal.

Vértebra

Costillas

Pelvis

Escápula

Fémur

Rótula

Muñeca

Tobillo

CAMARASAURIOS

Los camarasaurios constituyen otro grupo de saurópodos. Aparecieron durante el Jurásico superior y, al parecer, sobrevivieron hasta el fin de la Era de los Reptiles. Aunque su aspecto era similar al de otros herbívoros gigantes, los camarasaurios poseían dientes inclinados hacia delante, que eran muy numerosos en algunas especies. Esta característica los diferencia de los restantes grupos de saurópodos.

CAMARASAURUS

Jurásico, 150 millones de años
Norteamérica, Europa
18 m de longitud
Camarasaurus poseía una cabeza pequeña y alargada dotada de un hocico chato y redondeado. Las robustas mandíbulas albergaban dientes amplios en forma de cuchara, diseñados para cortar la vegetación leñosa y fibrosa. Mientras otros herbívoros se alimentaban de las partes blandas y jugosas, Camarasaurus se nutría de las partes que ellos no comían, como ramas de diferentes tamaños. Al parecer, únicamente sus crías se alimentaban de vegetación tierna. Las extremidades delanteras tenían una longitud similar a las traseras, de este modo, cuando Camarasaurus estaba de pie, su columna se mantenía nivelada. Pudo ser un animal gregario, y en sus huesos se han encontrado rasguños, lo que demuestra que fue víctima de dinosaurios carnívoros, como *Allosaurus*.

EUHELOPUS

Jurásico, 150 millones de años
Asia
15 m de longitud
A diferencia de muchos otros saurópodos que sólo tenían dientes en la parte frontal de la mandíbula, *Euhelopus*, de China, tenía dientes alrededor de toda la boca, una característica común a *Camarasaurus*. Pese a estas semejanzas en la mandíbula y la dentadura, *Euhelopus* poseía un cuello mucho más largo, dotado de 19 vértebras, que en un adulto maduro podía alcanzar los 5 m de longitud, mientras que *Camarasaurus* tenía un cuello formado por 12 vértebras y de 3 m de longitud. Las cuatro extremidades tenían una longitud similar, lo que significa que no se desplazaba con la columna inclinada. *Euhelopus* tenía grandes orificios nasales en la parte superior de la cabeza.

Euhelopus

Camarasaurus

Opisthocoelicaudia

OPISTHOCOELICAUDIA

Cretácico, 70 millones de años
Asia
12 m de longitud

Opisthocoelicaudia vivió en bosques abiertos de Mongolia, en paisajes donde los árboles dan paso a áreas de vegetación baja. Fue uno de los últimos saurópodos y, aunque muchos científicos lo incluyen en el grupo de los camarasaurios, algunos piensan que pertenece a otro grupo, el de los titanosaurios. Desgraciadamente, el cráneo y el cuello de *Opisthocoelicaudia* no han sido encontrados, lo que hace muy difícil resolver este misterio. Los huesos de su cola, que sí han sido hallados, resultan inusualmente robustos entre los saurópodos, lo que ha hecho plantearse a los científicos si podría haber descansado sobre la cola, alzándose sobre los miembros traseros, para alcanzar las copas de los árboles más altos.

EL CRÁNEO DE CAMARASAURUS

El cráneo de Camarasaurus demuestra que tenía unos ojos y unos orificios nasales grandes. La nariz se encontraba en la parte superior de la cabeza. El cráneo tenía otros orificios que le permitían ahorrar peso. Este saurópodo tuvo probablemente una buena visión y un buen olfato, dos sentidos importantes que le habrían ayudado a encontrar alimento y a reaccionar rápidamente ante la proximidad de animales carnívoros. Los dientes tenían hasta 4 cm de anchura y estaban recubiertos por una gruesa capa de esmalte rugoso.

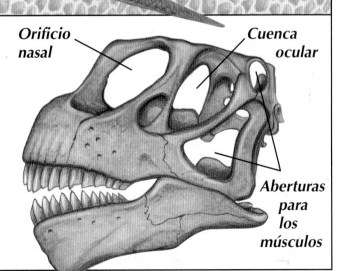

Orificio nasal

Cuenca ocular

Aberturas para los músculos

BRACHIOSAURUS

Brachiosaurus fue una de las "jirafas" del mundo de los dinosaurios. Su cuello increíblemente largo le permitió alcanzar las ramas de los árboles más altos y abarcar con su cabeza una amplia zona de terreno. Cuando su boca se llenaba de las hojas que arrancaba, las tragaba sin masticar. Las hojas iban a parar al estómago musculoso, donde las piedras estomacales, o gastrolitos, las trituraban hasta convertirlas en pulpa. *Brachiosaurus* necesitaba comer a diario 200 kg de plantas.

Un rebaño de hambrientos dinosaurios Brachiosaurus ramonea entre las coníferas de un bosque del Jurásico superior.

UN BUEN SENTIDO DEL OLFATO

Las narinas de Brachiosaurus *se encontraban en la parte superior de la cabeza. Las aberturas nasales eran grandes y esto hace pensar que tenía un buen sentido del olfato, quizás más agudo que la visión; en tal caso, habría olfateado la comida y a los animales de su entorno antes de poder verlos.*

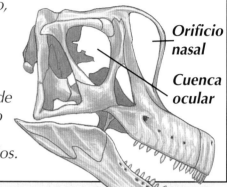

Orificio nasal

Cuenca ocular

UN CEREBRO DIMINUTO

La característica más sorprendente de *Brachiosaurus* era su cuello, extremadamente largo y grácil. Sin embargo, la cabeza de esta enorme criatura era pequeña en proporción al resto del cuerpo, y su cerebro diminuto. Caminaba sobre las cuatro patas y, a diferencia de la mayor parte de los dinosaurios, las patas delanteras eran más altas que las traseras, lo que significa que el cuerpo se inclinaba hacia abajo en dirección a la corta cola.

UN ANIMAL GREGARIO

Se cree que *Brachiosaurus* era un animal gregario que vivía en manadas. Probablemente, pasaba la mayor parte del tiempo buscando alimento o comiendo. El largo cuello debió de resultarle muy útil para alimentarse, pues con él pudo alcanzar las copas de los árboles más altos y ramonear entre el follaje situado a 12-16 m de altura. Sus 52 dientes cincelados le permitieron arrancar y trocear las hojas.

ARRIBA Y ABAJO

Brachiosaurus se alimentó de las principales plantas del Jurásico: hojas de gingo, agujas de conífera, frondes de cícada y colas de caballo del sotobosque. ¿Se alzaba *Brachiosaurus* sobre sus cuartos traseros y estiraba el cuello para alcanzar las hojas que crecían en las copas de los árboles más altos? ¿O mantenía las cuatro extremidades firmemente apoyadas sobre el suelo moviendo el cuello de lado a lado para pacer entre las plantas del suelo? Los expertos creen que ambas ideas pueden ser correctas.

FICHA DE BRACHIOSAURUS

Nombre: Brachiosaurus
Vivió: *hace 150 millones de años*
Localización: *África, Europa, Norteamérica*
Longitud: *25 m*
Dieta: *plantas*
Hábitat: *bosque abierto*

El grupo de los saurópodos conocidos como diplodócidos, "doble viga" –por la forma de las vértebras de su cola–, fueron los animales más largos que han existido jamás. Eran como puentes colgantes andantes, cuyos largos cuellos se contrapesaban con colas aún más largas. Estos dinosaurios abundaron en Norteamérica y África oriental durante el Jurásico superior.

APATOSAURUS

Jurásico, 150 millones de años
Norteamérica
21 m de longitud

La cabeza de *Apatosaurus* era muy pequeña para un animal de su enorme talla, y contenía en su interior un cerebro diminuto. Un *Apatosaurus* maduro podía alcanzar las 30 toneladas, peso que soportaba mediante cuatro robustas extremidades. Las extremidades delanteras eran

Apatosaurus

más cortas que las traseras. Cada pie tenía dedos cortos y rechonchos, pero mientras los delanteros acababan en uñas romas, los traseros estaban rematados por garras. La huella que dejaban sus pies al caminar tenía 1 m de anchura. Las narinas de *Apatosaurus* se encontraban en la parte superior de la cabeza. Se llegó a pensar que vivía en el agua y que caminaba por zonas profundas manteniendo la cabeza en alto como un tubo respirador, pero esta idea ha sido descartada.

MAMENCHISAURUS

Jurásico, 160 m.a.
Asia
25 m de longitud

Mamenchisaurus, de China, poseyó uno de los cuellos más largos de todos los dinosaurios. Los 14 m de longitud de su cuello constituían ¡más de la mitad de la longitud total del animal! Semejante cuello tenía 19 vértebras, cada una de ellas soportada por dos costillas solapadas. Esta estructura hacía el cuello bastante rígido, de modo que sólo podía inclinarlo por la cabeza y los hombros. *Mamenchisaurus* tenía una cabeza pequeña y rectangular, y sus mandíbulas albergaban dientes en forma de cuchara, instrumentos ideales para deshojar las ramas de los árboles. Las piedras de su estómago trituraban las hojas hasta transformarlas en una pulpa digerible.

Mamenchisaurus

SEISMOSAURUS

Jurásico, 150 m.a.
Norteamérica
40 m de longitud

Seismosaurus fue uno de los dinosaurios diplodócidos más grandes. Al igual que en los restantes miembros de esta familia, una pequeña cabeza culminaba un cuello increíblemente largo. La parte frontal de las mandíbulas albergaba dientes con forma de clavija, y los orificios nasales se encontraban en la parte superior de la cabeza. Las extremidades traseras eran más largas que las delanteras. Hasta hoy, sólo se ha hallado un esqueleto de *Seismosaurus*, pero ha permitido saber muchas cosas de él. Tragaba piedras (gastrolitos), que le ayudaban a digerir la comida –se han encontrado alrededor de 250 en la región digestiva–. Los gastrolitos tenían unos 5 cm de diámetro y estaban alisados por el desgaste. *Seismosaurus* se alimentaba probablemente de una mezcla de partes vegetales duras y blandas.

Barosaurus

Seismosaurus

COLAS FUSTIGANTES

Todos los diplodócidos tenían colas largas que se afinaban hacia su extremo como látigos. Ante el ataque de un depredador carnívoro, la cola se podía alzar en el aire y lanzarse contra el atacante a modo de látigo para mantenerlo a raya.

BAROSAURUS

Jurásico, 150 millones de años
Norteamérica, África
27 m de longitud

¿Por qué los diplodócidos como *Barosaurus* tenían patas delanteras cortas? Pudo ser una medida para ahorrar peso, a la que estos gigantes sacaban partido cuando se alzaban sobre los pies. Quizás *Barosaurus* y los restantes miembros de su familia eran capaces de alzarse sobre las extremidades traseras empleando las colas para soportar el peso. Tenía un cuello muy largo, que extendido totalmente al alzarse a dos patas sobre el suelo pudo permitirle alcanzar la vegetación situada a 15 m de altura.

Animales del gran tamaño de los diplodócidos podrían haber vivido durante más de 100 años. A lo largo de su vida, un individuo podría haber devorado toneladas de alimento, desde hojas tiernas hasta ramas leñosas. Estos dinosaurios eran "máquinas de comer", cuyos pequeños dientes cónicos deshojaban de forma incansable los árboles mientras las piedras estomacales del interior de sus vientres trituraban el material vegetal hasta convertirlo en una pulpa jugosa.

SUPERSAURUS

Jurásico, 150 millones de años
Norteamérica
42 m de longitud

Supersaurus hace honor a su nombre, ya que fue un dinosaurio de dimensiones gigantescas, uno de los mayores animales que han caminado jamás sobre la Tierra. No sólo era increíblemente largo (casi la longitud de dos pistas de tenis): su altura de la cabeza a los pies era de 16,5 m, su cuello medía 12 m y debió de alcanzar las 50 toneladas de peso. *Supersaurus* soportaba su enorme peso mediante cuatro patas columnares y pies de base ancha dotados de acolchamientos blandos en los talones, como los de un elefante. Al caminar, estos acolchamientos actuaban como si fuesen amortiguadores, extendiéndose para absorber el impacto de cada gigantesco paso. *Supersaurus* podría haber vivido en manadas, que se desplazaban en busca de zonas de pasto. Se cree que caminaba con el cuello y la cola más o menos paralelos al suelo.

DICRAEOSAURUS

Jurásico, 150 m.a.
África
14 m de longitud

Dicraeosaurus, un miembro pequeño de la familia de los diplodócidos, de cuello y cola cortos pero de cabeza más grande, resulta notable por la cresta de su lomo. Esta

Dicraeosaurus

característica inusual, observada sólo en otro diplodócido, *Amargasaurus*, la ocasionaban las espinas óseas que se proyectaban hacia arriba a lo largo de la columna vertebral, desde el cuello hasta la cola. Cada espina se abría en su extremo superior en forma de "Y" y servía de anclaje a los músculos. *Dicraeosaurus* y *Amargasaurus* podrían pertenecer a una rama particular de la familia de los diplodócidos.

Supersaurus

AMARGASAURUS

Cretácico, 130 m.a.
Sudamérica
10 m de longitud
Amargasaurus es un miembro de tamaño medio de la familia de los diplodócidos, cuya característica más destacada era una hilera doble de espinas que sobresalía de su cuello 65 cm. Espinas más cortas crecían también en el lomo del animal. Mientras que algunos científicos creen que las espinas soportaban una cresta de piel, otros piensan que estaban recubiertas de una lámina córnea dura y que quizás las empleara como defensa contra depredadores carnívoros. Este dinosaurio sólo es conocido por un esqueleto incompleto hallado en Argentina, cuya cola había desaparecido, lo que impide conocer con certeza su tamaño.

¿TENÍA UNA CRESTA CERVICAL?

Amargasaurus tenía dos hileras de largas espinas óseas desarrolladas a partir de la columna vertebral, especialmente a lo largo del cuello. Estas espinas pudieron estar cubiertas de piel formando una cresta o un par de crestas. Si fue así, este distintivo pudo ser un regulador de la temperatura, que tenía la función de absorber o liberar calor. O quizás lo usaba para atraer a su pareja en exhibiciones de cortejo, o para intimidar a los depredadores.

Amargasaurus

CABEZAS PEQUEÑAS

A diferencia de carnívoros como *Allosaurus*, los diplodócidos tenían cabezas pequeñas, largas e inclinadas. Los ojos se hallaban alejados del extremo de los hocicos, y los orificios nasales se encontraban en la parte superior de la cabeza, habitualmente por encima de los ojos. La parte frontal de las mandíbulas albergaba dientes cónicos.

Diplodocus
(10 toneladas)

Allosaurus
(3 toneladas)

DIPLODOCUS

Diplodocus fue uno de los mayores dinosaurios diplodócidos, y también es uno de los más estudiados. A lo largo de los años, la idea que se tenía de él ha ido cambiando. Inicialmente se pensó que arrastraba la cola cuando caminaba, ahora se cree que la mantenía erguida. Antes se pensaba que podía alcanzar las copas de los árboles, actualmente parece que a duras penas podía elevar el cuello por encima del lomo.

COLA AFILADA

Diplodocus, "doble viga", debe su nombre a la cola, larga y flexible. Estaba dotada de una hilera extra de huesos bajo las vértebras caudales. Esta hilera suplementaria protegía los vasos sanguíneos de la cola y proporcionaba un refuerzo adicional.

Sus larguísimos cuellos se proyectaban horizontalmente y al caminar se balanceaban de forma suave arriba y abajo. En la imagen, un rebaño de Diplodocus se desplaza en busca de terreno de pasto. Podían emplear las largas colas como látigos ante el ataque de un depredador.

UNA BESTIA DE 10 TONELADAS

Diplodocus tenía un cuello de alrededor de 8 m de largo. Su cola era aún más larga y se extendía hasta alcanzar los 14 m, aproximadamente la mitad de la longitud del animal. En comparación con su gigantesco cuerpo, la cabeza de *Diplodocus*, de sólo 0,5 m de longitud, era diminuta. La boca albergaba numerosos dientes en forma de clavija, que sólo crecían en la parte frontal de la mandíbula y no a los lados o en la parte trasera. Las extremidades traseras eran más largas que las delanteras, y todas tenían cinco dedos. *Diplodocus* pesaba alrededor de 10 toneladas, lo que equivale aproximadamente al peso de dos elefantes adultos. Para un animal del volumen y la talla de *Diplodocus*, no se trata de un peso desmesurado, lo que se debe a que las vértebras que formaban su columna tenían espacios huecos en su interior.

CON LA CABEZA GACHA

Al marchar, *Diplodocus* mantenía la cola y el cuello más o menos horizontales respecto al suelo. Los científicos creen que *Diplodocus* era un animal gregario, que vivía en manadas que se desplazaban de una zona de pasto a otra. Estudios recientes indican que no podía elevar el cuello muy por encima del lomo, por tanto, y a diferencia de muchos otros saurópodos, no pudo alcanzar las copas de los árboles.

UN HERBÍVORO RASTRERO

Si *Diplodocus* no podía alzar la cabeza más allá de la altura del lomo, tuvo que alimentarse de plantas bajas y arbustivas, como las colas de caballo y los helechos comunes, y no de las hojas de las copas de los árboles.

Nombre: Diplodocus
Vivió: *hace 150 millones de años*
Localización: *Norteamérica*
Longitud: *27 m*
Dieta: *plantas*
Hábitat: *bosque abierto*

EL CRÁNEO DE DIPLODOCUS

El cráneo de Diplodocus muestra que los dientes se encontraban únicamente en la parte frontal de las mandíbulas. Con un tirón de la cabeza, los dientes inclinados hacia delante "peinarían" las ramas, arrancando el follaje a puñados. Diplodocus tenía entre 50 y 60 dientes en forma de clavija y carecía de muelas.

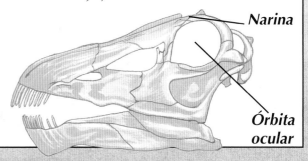

Narina

Órbita ocular

Argentinosaurus

El último grupo de saurópodos aparecido fue el de los titanosaurios, "lagartos titanes". Este grupo incluyó desde animales de 7 m de longitud hasta gigantes de 30 m. Algunos de los titanosaurios, o quizás todos, desarrollaron una característica única entre los saurópodos: una armadura corporal ósea. Los titanosaurios hicieron su aparición durante el Jurásico superior o el Cretácico inferior, hace alrededor de 145 millones de años, y sobrevivieron hasta el final de la Era de los Reptiles, hace 65 millones de años.

SALTASAURUS

Cretácico, 80 m.a.
Sudamérica
12 m de longitud
Saltasaurus, hallado en Argentina, es uno de los titanosaurios más pequeños y también uno de los más peculiares. Hasta su descubrimiento, no se había sospechado que los saurópodos hubieran desarrollado una piel "acorazada", diseñada para resistir el ataque de un depredador. Con excepción de su piel, *Saltasaurus* compartía muchas características con los saurópodos, como el cuello largo y flexible, patas como pilares y una cola delgada.

ARGENTINOSAURUS

Cretácico, 90 m.a.
Sudamérica
30 m de longitud
Argentinosaurus es el dinosaurio más pesado de todos los conocidos y el mayor ser vivo terrestre que ha existido. Hasta el momento, sólo se han hallado algunos huesos, entre ellos algunas vértebras de 1,5 m de altura. A partir de estas vértebras, ha sido posible elaborar un boceto aproximado de este gigante, que pudo alcanzar e incluso superar las 100 toneladas de peso. Para reducir su peso, *Argentinosaurus* tenía costillas huecas, una característica inusual entre los dinosaurios herbívoros. Pudo ser la presa del carnívoro *Giganotosaurus*.

Saltasaurus

ALAMOSAURUS

Cretácico, 70 m.a.
Norteamérica
21 m de longitud

Alamosaurus es el único titanosaurio de Norteamérica. Fue uno de los últimos herbívoros gigantes, y vivió al final de la Era de los Reptiles. Debió de ser una visión inusual, ya que en Norteamérica no hubo saurópodos a lo largo de 35 millones de años. Los científicos creen que *Alamosaurus* emigró a Norteamérica desde Sudamérica, donde vivían la gran mayoría de los titanosaurios, después de que el istmo de Panamá uniera los dos continentes.

MALAWISAURUS

Cretácico, 100 m.a.
África
10 m de longitud

Malawisaurus

Malawisaurus es uno de los titanosaurios más antiguos que han sido descubiertos y también uno de los más pequeños. El nombre deriva del país donde han sido descubiertos sus restos, Malawi, en África oriental. Afortunadamente (y de forma excepcional), se ha hallado parte de su cráneo junto a otros huesos fosilizados. Existe la creencia de que *Malawisaurus* pudo estar acorazado, sin embargo no existen pruebas directas de ello.

Alamosaurus

LA PIEL ACORAZADA DE SALTASAURUS

Saltasaurus *es notable por su piel recubierta de placas. El lomo de* Saltasaurus *estaba recubierto de placas óseas ovaladas de 10 cm de diámetro y nódulos del tamaño de un guisante. Una piel endurecida como ésta, tuvo probablemente como finalidad proteger a su propietario de las fauces y las garras de los carnívoros. Los carnívoros agresores buscarían seguramente para atacar zonas desprotegidas del cuerpo del herbívoro, como el vientre blando.*

Son raras las ocasiones en las que se han descubierto esqueletos completos de titanosaurios y, por tanto, resulta difícil saber el aspecto que tuvieron estos gigantes. Entre los huesos fósiles de estos dinosaurios, se han encontrado dientes en forma de clavija similares a los de los diplodócidos, de ahí que en su momento se creyera que pertenecían a esta misma familia de dinosaurios. En la actualidad, sin embargo, se ve en ello sólo una coincidencia y se considera que los titanosaurios forman un grupo distinto.

JANENSCHIA

Jurásico, 155 millones de años
África
24 m de longitud
Janenschia es conocido por un único espécimen incompleto hallado en Tanzania, del que no pudieron encontrarse la cabeza ni otros huesos importantes. Durante muchos años, se creyó que era uno de los titanosaurios más antiguos y uno de los escasísimos hallados fuera de Sudamérica, donde el grupo fue más abundante. Actualmente, sin embargo, los científicos empiezan a pensar que en realidad *Janenschia* no fue un titanosaurio; algunos creen que pertenece al grupo de los dinosaurios camarasaurios.

PARALITITAN

Cretácico, 95 m.a.
África
25 m de longitud

Paralititan

Paralititan, uno de los dinosaurios más pesados que han existido, debió de pesar entre 50 y 80 toneladas. Descubierto en Egipto, este gigante vivió en una zona intermareal tropical, donde abundaban las lagunas, las playas y los bosquecillos de manglares. Hasta el momento, sólo se ha encontrado un ejemplar incompleto, pero los dieciséis huesos desenterrados demuestran su pertenencia a la familia de los titanosaurios. La cabeza de *Paralititan* debió de alzarse a unos 9 m del suelo.

Janenschia

UN CORAZÓN POTENTE

Los saurópodos poseían corazones enormes dotados de la potencia necesaria para bombear la sangre por todo el cuerpo. Cada vez que un saurópodo elevaba la cabeza por encima del corazón, éste se veía obligado a realizar un gran esfuerzo adicional, ya que debía bombear la sangre venciendo la fuerza de la gravedad, impulsándola "cuesta arriba" a lo largo del cuello del animal para hacerla llegar al cerebro.

Tráquea

Intestinos

Pulmón

Corazón

Estómago

Antarctosaurus

AEGYPTOSAURUS

Cretácico, 95 m.a.
África
15 m de longitud
El nombre de "lagarto egipcio" le vino dado por el país donde fueron encontrados los escasos restos de este animal hallados hasta hoy –algunas vértebras, huesos de las extremidades y parte de la escápula–. Trasladados a Alemania para su estudio, los restos fueron destruidos en 1944 durante la Segunda Guerra Mundial. Hasta que no se descubran nuevos fósiles, *Aegyptosaurus* permanecerá envuelto en el misterio. Se considera que es un titanosaurio por la semejanza de los huesos de sus extremidades con los de *Saltasaurus*.

ANTARCTOSAURUS

Cretácico, 80 millones de años
Sudamérica, Asia
18 m de longitud
Antarctosaurus, cuyo nombre "lagarto del sur" hace referencia al hemisferio de donde proviene, ha sido hallado en varios países sudamericanos y en la India. En la época en la que los continentes de Asia y Sudamérica se encontraban unidos, *Antarctosaurus* pudo desplazarse libremente entre ellos. En Sudamérica, se han encontrado varios fragmentos de huevos redondos del tamaño de un balón muy cerca de los fósiles de *Antarctosaurus*, que podrían ser sus huevos o bien huevos de un ejemplar de titanosaurio como él.

Aegyptosaurus

Los titanosaurios fueron un grupo de saurópodos muy extendido, cuyos restos fosilizados han sido encontrados en todos los continentes salvo en Australia y en la Antártida. Numerosos especímenes se han hallado en Sudamérica, donde los recientes descubrimientos de huevos atribuidos a los titanosaurios están revelando información valiosa sobre las primeras etapas del ciclo vital de estos gigantes.

Rapetosaurus

NEUQUENSAURUS

Cretácico, 70 m.a.
Sudamérica
15 m de longitud

Neuquensaurus

Neuquensaurus, de Argentina, fue un titanosaurio de talla mediana y un miembro típico del grupo ya que su piel, sobre todo en el lomo, estaba cubierta de placas y protuberancias óseas ovales, conocidas como osteodermos. Los osteodermos eran huesos que se formaban en la piel de los dinosaurios, como los encontrados en *Ankylosaurus*, un dinosaurio acorazado. Hasta el momento, sólo se han encontrado algunas partes de *Neuquensaurus*, que parecen indicar su semejanza con *Saltasaurus* y que plantean incluso la posibilidad de que se trate del mismo tipo de dinosaurio.

LOS HUEVOS DE SAURÓPODO

Los huevos puestos por los saurópodos eran habitualmente redondos, o casi redondos, y tenían una superficie rugosa y desigual. La cáscara de estos huevos, que presuntamente pertenecen a los titanosaurios, tiene

RAPETOSAURUS
Cretácico, 70 m.a.
África
8 m de longitud

El esqueleto casi completo de un joven *Rapetosaurus* fue hallado en la isla de Madagascar, frente a la costa oriental de África. Este hallazgo es importante porque es el primer titanosaurio descubierto con el cráneo intacto. Hasta su descubrimiento en 1995, no se sabía qué aspecto podía tener la cabeza de estos gigantes. *Rapetosaurus* tenía una cabeza pequeña con narinas sobre los ojos, igual que *Diplodocus*. Pese a ello, los restos de su cráneo se asemejan más a los de *Brachiosaurus*, con el que parece estar emparentado. Tenía un cuello largo y una cola igualmente larga y delgada.

HYPSELOSAURUS
Cretácico, 70 m.a.
Europa
12 m de longitud
Descubierto en Francia y España, *Hypselosaurus* fue

un titanosaurio de tamaño medio, cuyas extremidades eran más gruesas que las de otros miembros de la familia. *Hypselosaurus* es notable por haber sido encontrado junto a varios huevos grandes, casi redondos, de unos 30 cm de longitud. Es difícil demostrar que los huevos fueron puestos por él, pero, si así fuera, indicaría que los dinosaurios saurópodos ponían huevos (eran ovíparos) en lugar de parir a sus crías (vivíparos). Se estima que una cría recién nacida pesaba unos 3 kg y un adulto alrededor de 5 toneladas.

Hypselosaurus

el grosor de un lápiz. Es probable que una cáscara gruesa ofreciese al embrión del interior cierta protección frente a los depredadores. Los poros de la cáscara permitían la entrada del aire necesario para el embrión.

TITANOSAURUS

En el año 1871, se halló un enorme fémur de 1,17 m de longitud cerca de la ciudad india de Jabalpur. El hueso fue identificado correctamente como perteneciente a un dinosaurio, pero no pudo atribuirse a ninguno de los dinosaurios conocidos en esa época. El descubrimiento de unas vértebras caudales de gran tamaño en la misma región de la India permitió saber a los científicos que se encontraban ante un nuevo tipo de dinosaurio.

EL NOMBRE DEL DINOSAURIO

El nuevo dinosaurio descubierto en la India fue bautizado en 1877 con el nombre de *Titanosaurus indicus* por el geólogo inglés Richard Lydekker (1849-1915). El nombre significa "lagarto titán de la India", y fue el primer dinosaurio de importancia descubierto en el hemisferio sur. En su momento, fue también el dinosaurio más grande conocido, de ahí el nombre de *Titanosaurus*, en referencia a los poderosos titanes de la mitología griega, seres gigantescos dotados de una fuerza descomunal.

COLA FUSTIGANTE

El aspecto de *Titanosaurus* recuerda al de *Diplodocus*: tenía un cuello largo y una cola larga y delgada con forma de látigo. Al igual que otros titanosaurios, la piel de su lomo estaba cubierta de pequeñas placas acorazadas, u osteodermos.

FICHA DE TITANOSAURUS

Nombre: Titanosaurus
Vivió: hace 70 m.a.
Localización: África, Asia, Europa, Sudamérica
Longitud: 20 m

Dieta: plantas
Hábitat: bosque abierto

En un paisaje del Cretácico superior, un grupo de Titanosaurus emerge del bosque para abrevar en un estanque de agua dulce.

JÓVENES Y ADULTOS

Titanosaurus pudo ser un animal gregario, que formaba manadas itinerantes integradas por individuos jóvenes y adultos.

PIEDRAS EN EL ESTÓMAGO

Como herbívoro, *Titanosaurus* se alimentó probablemente de la vegetación característica del Cretácico superior. En esta época, las plantas con flor, como las magnolias y los viburnos, pasaron a dominar el suelo, desplazando a otras especies más antiguas como los helechos y las colas de caballo. La hierba todavía no había hecho su aparición. Robles, arces, nogales y hayas crecían junto a las todavía abundantes coníferas y cicadales. Al igual que otros herbívoros gigantes, *Titanosaurus* posiblemente alojó en su estómago musculoso piedras estomacales (gastrolitos), que trituraban las plantas hasta convertirlas en una pulpa que el sistema digestivo del animal podía asimilar.

LA MUERTE DE UN GIGANTE

Allí donde se encontraba Titanosaurus, los depredadores no rondaban lejos. El tamaño era su mejor defensa, ya que la fuerza de uno de sus coletazos o una coz propinada por una de sus patas habría bastado para tambalear al agresor. Por ello, es de suponer que los depredadores se abalanzarían sobre los animales más débiles, los jóvenes, los viejos o los enfermos.

CORAZAS, CUERNOS Y PLACAS

DINOSAURIOS DE PLACAS, ACORAZADOS, CORNUDOS Y DE CASCO

No todos los dinosaurios herbívoros tuvieron las grandes dimensiones de los saurópodos que prosperaron durante el Jurásico. Éstos fueron uno más de los muchos grupos de herbívoros que aparecieron durante la Era de los Reptiles. Otros grupos de herbívoros más pequeños que los saurópodos (pero no por ello menos interesantes), incluían a algunos que desarrollaron diferentes formas de ornamentos corporales, desde placas óseas que cubrían el lomo hasta espinas y cuernos que crecían en las colas y en el rostro. Los científicos agrupan a estos dinosaurios en varias familias distintas.

En un paisaje de hace aproximadamente 70 millones de años, diversos grupos de dinosaurios acorazados, de placas y de casco abrevan en la orilla de un río.

DINOSAURIOS DE PLACAS

Estos dinosaurios eran los estegosaurios, herbívoros cuadrúpedos de talla media o grande que poseían placas y espinas erectas a lo largo del lomo y la cola. El dinosaurio de placas más conocido es *Stegosaurus*.

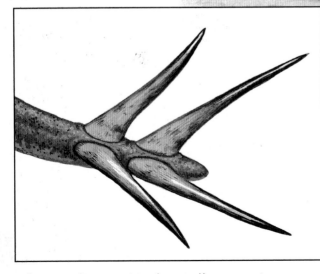

Albertosaurus

Ankylosaurus

Algunos dinosaurios desarrollaron espinas largas y puntiagudas en el extremo de la cola.

DINOSAURIOS ACORAZADOS

En este grupo encontramos a los nodosaurios y a los anquilosaurios, todos ellos herbívoros cuadrúpedos de tamaño medio. Los cuerpos presentaban placas óseas incrustadas en la piel. Algunos tenían espinas corporales cortas y otros mazas óseas en la cola. El mejor conocido es *Ankylosaurus*.

DINOSAURIOS CORNUDOS Y DE CASCO

Los ceratópsidos (dinosaurios con cuernos) y los paquicefalosaurios (los dinosaurios de casco) fueron dos grupos más de dinosaurios con formas peculiares de ornamentación corporal. Estos dos grupos se conocen juntos, con el nombre de marginocéfalos, que significa "cabezas con borde", en referencia a las peculiares bóvedas craneales, golas cervicales y cuernos que tenían sus cabezas. Algunos eran cuadrúpedos y se desplazaban sobre las cuatro extremidades, otros eran bípedos y se desplazaban sobre dos. El dinosaurio cornudo mejor conocido es *Triceratops*, y el dinosaurio de casco más famoso es *Stegoceras*.

Torosaurus

Stegoceras

Algunos dinosaurios desarrollaron cuernos y escudos óseos o golas alrededor del cuello.

Los estegosaurios poblaron la Tierra durante unos 80 millones de años. Aparecieron hace 170 millones de años, y algunos miembros del grupo sobrevivieron hasta el Cretácico medio, hace unos 90 millones de años. El apogeo de los estegosaurios se produjo 150 millones de años atrás, al final del Período Jurásico, cuando prosperaron en múltiples lugares de la Tierra; sus restos han sido descubiertos en África, Asia, Europa y Norteamérica.

SCELIDOSAURUS

Jurásico, 200 m.a.
Europa
4 m de longitud
Scelidosaurus no figura clasificado como un estegosaurio, pero se cree que es un antepasado del grupo. El motivo de ello salta a la vista al observar su piel, tachonada de numerosas placas óseas de pequeño tamaño. A diferencia de las placas erectas de gran tamaño de los estegosaurios, las de *Scelidosaurus* eran pequeñas y achatadas. Algunas placas tenían un perfil plano y otras eran cónicas. Al parecer, *Scelidosaurus* fue un herbívoro de movimientos lentos, dotado de una cabeza pequeña y una cola más larga de lo habitual en un estegosaurio.

DACENTRURUS

Jurásico, 155 m.a.
Europa
5 m de longitud
Dacentrurus es uno de los escasos dinosaurios de placas descubiertos en Europa. Tenía dos hileras de espinas óseas, que recorrían su dorso desde el cuello hasta la cola, y su aspecto era similar al del estegosaurio africano *Kentrosaurus*.

Dacentrurus

Dacentrurus ("cola punzante") se llamó originalmente *Omosaurus* ("lagarto con hombro"), pero este nombre ya se había dado a una especie extinta de cocodrilo y, cuando se reparó en el error, se le asignó un nuevo nombre.

Scelidosaurus

CABEZAS DIMINUTAS

Todos los estegosaurios tenían cabezas pequeñas, de un tamaño similar a la de los depredadores dromeosaurios, como Deinonychus. La cabeza del estegosaurio estaba rematada por un pico córneo, ideal para trocear la vegetación baja. Las mandíbulas contenían numerosos dientes pequeños, diseñados para masticar y triturar la materia vegetal.

Cabeza de estegosaurio

Cabeza de dromeosaurio

Kentrosaurus

KENTROSAURUS

Jurásico, 155 m.a.
África
5 m de longitud
Kentrosaurus tenía dos hileras de placas óseas incrustadas en la piel a lo largo del lomo. En total eran catorce placas, dispuestas en siete pares, desde el cuello hasta la mitad del dorso. Tras ellas, y hasta el extremo de la cola, se disponían siete pares de espinas, a las que se sumaban dos espinas que protegían las caderas. *Kentrosaurus* tenía una cabeza pequeña y estrecha que albergaba un cerebro diminuto, no más grande que una nuez. El hocico acababa en un pico sin dientes y, poseía numerosas muelas pequeñas en los laterales de las mandíbulas. Las grandes aberturas nasales indican que poseía un buen olfato.

Todos los estegosaurios tenían placas óseas, conocidas como escudos, que crecían en la piel. Estas placas no estaban formadas por hueso compacto y grueso, por lo que es poco probable que sirvieran como coraza corporal. Los científicos creen que eran empleadas en exhibiciones de cortejo para atraer a la pareja. Otra hipótesis es que controlaban la temperatura del cuerpo al ser capaces de absorber y liberar calor.

Lexovisaurus

HUAYANGOSAURUS

Jurásico, 165 m.a.
Asia
4,5 m de longitud

En China, han sido descubiertos numerosos fósiles de dinosaurios importantes, entre ellos *Huayangosaurus*, uno de los primeros estegosaurios que aparecieron. Presentaba características primitivas que los miembros posteriores de la familia no poseyeron. *Huayangosaurus* tenía dientes en la zona frontal del hocico, extremidades delanteras largas y placas estrechas y gruesas; por el contrario, los estegosaurios que lo siguieron no tenían dientes frontales, sus patas delanteras eran cortas y las placas de sus cuerpos eran anchas y delgadas.

LEXOVISAURUS

Jurásico, 165 m.a.
Europa
5 m de longitud

Lexovisaurus fue un estegosaurio que vivió durante el Jurásico medio. Sus huesos fosilizados se han hallado en Inglaterra y Francia. Tenía dos hileras de placas óseas delgadas que recorrían el lomo y dos o tres pares de largas y puntiagudas espinas en la cola. Un rasgo notable era el par de espinas que crecían sobre sus hombros, de alrededor de 1 m de longitud y de hasta 27 cm de diámetro en su base. Estas espinas cumplirían probablemente una función defensiva, manteniendo a distancia a los atacantes.

Huayangosaurus

LAS ESPINAS DE LA CADERA Y DE LOS HOMBROS

Varios estegosaurios desarrollaron largas y afiladas espinas en los flancos del cuerpo, ya fuera sobre los hombros o sobre las caderas. Mientras que de las placas del dorso, se piensa que no tenían una función defensiva (no estaban pensadas para actuar como coraza), es casi seguro que las espinas la tenían. Según su inclinación apuntarían directamente hacia el posible depredador, el cual, de abalanzarse sobre el estegosaurio, habría quedado fácilmente ensartado en ellas.

TUOJIANGOSAURUS

Jurásico, 155 m.a.
Asia
7 m de longitud
Tuojiangosaurus, un estegosaurio chino, tenía quince pares de placas puntiagudas y estrechas a lo largo del dorso, desde el cuello hasta el extremo superior de la cola. Las placas más largas crecían sobre sus caderas. En el extremo de su corta cola, poseía dos pares de espinas afiladas y largas, una característica común a *Stegosaurus*. Al igual que los restantes estegosaurios,

Tuojiangosaurus

Tuojiangosaurus era alargado y de baja estatura, con una altura cercana a los 2 m en la línea de las caderas. De la silueta de su cuerpo se deduce que mantenía la cabeza baja, la posición ideal para un animal cuyo alimento crece a ras de suelo. Como un dinosaurio del Jurásico, probablemente se alimentaba de cicadales, colas de caballo, helechos y partes tiernas de otras plantas.

Los estegosaurios eran animales de movimientos lentos y pesados que caminaban sobre las cuatro patas la mayor parte del tiempo. Sin embargo, es posible que de forma esporádica pudieran alzarse sobre las patas traseras, empleando la cola como apoyo, para ramonear entre plantas altas. Habitualmente, pacían a ras del suelo, como máximo a 1 m de altura.

CHIALINGOSAURUS

Jurásico, 165 m.a.

Asia

4 m de longitud

Conocido a partir de varios esqueletos parciales descubiertos en el sur de China, *Chialingosaurus* parece haber sido un estegosaurio de apariencia más esbelta, dotado a lo largo del cuello y del lomo de placas altas y puntiagudas, en lugar de anchas y delgadas. Las placas de este tipo suelen aparecer en los primeros estegosaurios, como *Chialingosaurus.*

Chialingosaurus

PATAS ELEFANTINAS

Todos los estegosaurios poseían patas elefantinas, gruesas, cortas y rígidas. Los pies delanteros tenían cinco dedos cortos y los traseros cuatro. Los pies de los estegosaurios eran ungulados, y caminaban con las extremidades estiradas, del mismo modo que los elefantes. Aunque tenían muñecas y tobillos, estas articulaciones eran muy poco móviles.

Wuerhosaurus

Yingshanosaurus

"YINGSHANOSAURUS"

Jurásico, 145 m.a.
Asia
5 m de longitud
"*Yingshanosaurus*", un estegosaurio chino, está pendiente de su descripción completa por parte de los científicos y existe la posibilidad de que reciba un nuevo nombre, así que éste se considera por el momento provisional.

"*Yingshanosaurus*" tenía un par de amplias espinas con forma de ala en los hombros, que eran planas, como las placas óseas del lomo, de las que podrían haber evolucionado. Al igual que en el caso de otros estegosaurios, estas espinas podrían haber protegido sus flancos del ataque de los depredadores.

WUERHOSAURUS

Cretácico, 130 m.a.
Asia
8 m de longitud
En lugar de poseer placas altas sobre el lomo, *Wuerhosaurus*, de China, tenía placas alargadas, bajas y ligeramente curvadas. La cola pudo estar rematada por cuatro espinas óseas, pero no se sabe con certeza, ya que hasta el momento no se han encontrado fósiles completos de este dinosaurio.

Wuerhosaurus es uno de los pocos estegosaurios que vivieron durante el Período Cretácico.

STEGOSAURUS

Stegosaurus es el dinosaurio de placas mejor conocido. Fue el miembro más grande de la familia de los estegosaurios.

Nombre: Stegosaurus
Vivió: hace 140 m.a.
Localización: Norteamérica
Longitud: 9 m
Dieta: plantas
Hábitat: bosques abiertos, llanuras inundables

LAS PLACAS DE STEGOSAURUS

Las placas de Stegosaurus podrían haber estado cubiertas de piel, a través de la cual circularían vasos sanguíneos. En ese caso, un bombeo extraordinario de sangre a través de estos vasos hubiera "coloreado" de rosa las placas, actuando como medio para enviar señales a otros animales.

REPTIL TECHADO

En 1877, un nuevo dinosaurio de aspecto extraño fue el centro de atención de los científicos de todo el mundo. Este nuevo dinosaurio recibió el nombre de *Stegosaurus*, que significa "reptil cubierto", debido a que las placas óseas halladas con los restos fosilizados cubrían su espalda, como el caparazón de una tortuga. Más tarde, se averiguó que las placas habían permanecido erectas y no habían "cubierto" el lomo del animal. *Stegosaurus* fue un animal largo y no muy alto, dotado de una cabeza pequeña y de extremidades traseras casi el doble de largas que las delanteras. Su cola, rígida y gruesa, presentaba en el extremo cuatro largas espinas recubiertas de sustancia córnea.

UNA COLA AGUIJONADA

Stegosaurus era un herbívoro de
movimientos lentos que pudo vivir en
pequeños grupos familiares. Al parecer, vivió
en bosques y en las llanuras inundables de
los ríos. Vulnerable al acoso de
depredadores como *Allosaurus*,
Stegosaurus debió de emplear en los
ataques su cola como arma de defensa:
permaneciendo quieto y
sólidamente afianzado en el suelo
sobre sus cuatro patas rígidas,
Stegosaurus habría alzado y agitado
la cola en el aire. Si el agresor
osaba aproximarse demasiado, las
espinas de la cola actuarían
como temibles puñales,
causándole profundas
heridas.

*Dos machos se desafían en una disputa por
una* Stegosaurus *hembra. Ambos contendientes
emiten bramidos de enojo, agitan las colas y
exponen el flanco para mostrar su corpulencia.
La sangre afluye a las placas del dorso que
adquieren así un color rosáceo.*

LA DISPOSICIÓN DE LAS PLACAS

Stegosaurus *tenía 17 placas de diferentes
tamaños a lo largo del cuello, el lomo y la
mayor parte de la cola. No se sabe con certeza
cómo estaban colocadas: podrían haber estado
dispuestas en una hilera, recta o escalonada,
o bien formando parejas en dos filas.*

Los primeros dinosaurios completamente acorazados fueron los nodosaurios, que aparecieron hace alrededor de 175 millones de años. Nodosaurio significa "lagarto rugoso" por los nódulos de hueso abultados que tachonaban su piel. Aunque recuerdan a los anquilosaurios, de aparición posterior, los nodosaurios tenían extremidades más delgadas y alargadas. La diferencia más notoria entre ambos grupos es que las colas de los nodosaurios no tenían mazas óseas.

MINMI

Cretácico
115 m.a.
Australia
3 m de longitud
Minmi fue el primer dinosaurio acorazado encontrado en el hemisferio austral. De pequeño tamaño, su piel estaba recubierta de placas óseas de formas variadas. Incluso su vientre estaba protegido con ellas, a diferencia de lo que ocurría en muchos otros dinosaurios acorazados, que no tenían placas en la vulnerable zona inferior. Esta coraza aumentaba su peso, pero, lejos de ser un animal lento, *Minmi* debió de ser capaz de desplazarse rápidamente, ya que sus largas extremidades indican que le era posible echar a trotar.

Minmi

GASTONIA

Cretácico, 125 m.a.
Norteamérica
2,5 m de longitud
Gastonia estaba recubierto de numerosas espinas óseas planas que desde el cuello se extendían a ambos lados del cuerpo hasta el extremo de la cola. Las espinas más largas se encontraban sobre los hombros y tenían una longitud de unos 30 cm. Sobre el lomo tenía placas óseas triangulares. Gracias a esta espectacular coraza, *Gastonia* fue uno de los nodosaurios mejor protegidos, con una estructura claramente ideada para la autodefensa. Atacarle no debió ser nada fácil, al menos sin sufrir daño alguno. Aunque *Gastonia* carecía de una maza ósea caudal para hacer frente al depredador, las aguzadas espinas de la cola podían provocar dolorosas heridas punzantes al carnívoro atacante.

Gastonia

LA CORAZA DE LOS DINOSAURIOS

La coraza de los nodosaurios y los anquilosaurios estaba compuesta de placas óseas o escudos. Estas placas podían ser planas o alzarse en forma de puntas. Las placas de mayor tamaño cubrían el cuello y los hombros, y las más pequeñas, el lomo y la cola. Los espacios entre ellas estaban repletos de pequeñas protuberancias óseas del tamaño de un guisante.

Edmontonia

EDMONTONIA

Cretácico, 70 m.a.
Norteamérica
7 m de longitud

Edmontonia, un nodosaurio de gran tamaño de Canadá, es notable por las largas espinas de los hombros y los flancos. Estas espinas orientadas hacia delante le debían de servir de dispositivo antidepredadores, defendiéndolo de carnívoros tales como *Albertosaurus*. También pudo emplearlas para batirse con otros individuos de su especie en demostraciones de fuerza, en las que los contendientes entrechocarían las espinas –tal y como hacen los ciervos actuales con sus astas– y se embestirían hasta que el oponente más débil se retirara.

GARGOYLEOSAURUS

Jurásico, 150 m.a.
Norteamérica
3 m de longitud

Gargoyleosaurus tenía un cráneo de contorno triangular similar al de un anquilosaurio, pero el esqueleto era más semejante al de un nodosaurio, ya que carecía de la maza ósea caudal. Es decir, este dinosaurio acorazado compartía rasgos de las dos familias, lo que hace suponer que se trata de un eslabón intermedio entre ambas. Podría ser por tanto un antepasado de los anquilosaurios, quienes evolucionaron a partir de los nodosaurios.

Gargoyleosaurus

113

Los primeros anquilosaurios aparecieron hace alrededor de 130 millones de años, durante el Cretácico inferior, y sobrevivieron hasta el final de la Era de los Reptiles. Anquilosaurio significa "lagarto fusionado", nombre que alude a las placas óseas unidas o fusionadas que formaban la coraza que cubría el cuerpo. Los anquilosaurios fueron un extendido grupo de dinosaurios, cuyos restos han sido descubiertos en la mayoría de los continentes (incluida la Antártida), aunque no en Sudamérica. Las colas de estos herbívoros acorazados estaban rematadas por mazas óseas.

SAICHANIA

Cretácico, 80 m.a.
Asia
7 m de longitud
Saichania, un anquilosaurio hallado en China, vivió en un entorno seco y cálido, prácticamente desértico. La cabeza, el cuerpo y la cola estaban protegidos por numerosas placas y espinas óseas, que formaban una especie de caparazón exterior rígido. La cola estaba rematada por una pequeña protuberancia ósea. Al igual que otros miembros de su familia, *Saichania* no tenía protegido el vientre.

EUOPLOCEPHALUS

Cretácico, 70 m.a.
Norteamérica
7 m de longitud

Euoplocephalus

Euoplocephalus vivió en un entorno boscoso, donde pudo haber formado rebaños. La armadura corporal era pesada, repleta de protuberancias y placas óseas. Incluso los párpados tenían una capa ósea sobre ellos. A lo largo del lomo se extendían bandas de placas acorazadas, incrustadas en la piel curtida. Cuatro cuernos protegían el cuello, y varias hileras de espinas recorrían el lomo.

Si era atacado, exhibía probablemente la maza ósea del extremo de la cola como advertencia disuasoria frente al agresor.

Saichania

PINACOSAURUS

Cretácico, 80 m.a.
Asia
5 m de longitud
Descubierto en China y Mongolia, *Pinacosaurus* vivió en un hábitat semidesértico, seco y árido. Compartió tiempo y lugar con su pariente cercano *Saichania*, y puede que los dos compitieran por el alimento que crecía allí, aunque no se conocen las plantas que formaban la base de su dieta. El cráneo de *Pinacosaurus* estaba cubierto sólo parcialmente de placas óseas, quedando algunas zonas de piel expuestas. Aparte de este rasgo, su aspecto era muy similar al de los restantes anquilosaurios.

Pinacosaurus

TALARURUS

Cretácico, 85 m.a.
Asia
5 m de longitud

Talarurus

Talarurus, de Mongolia, era rechoncho y corpulento, y su larga cola estaba rematada por una pesada maza ósea. La cabeza y el cuerpo estaban recubiertos de placas y nódulos óseos, que se formaban en la piel, es decir, que no estaban unidos al esqueleto. *Talarurus* tenía cuatro dedos en las patas traseras, mientras que otros anquilosaurios, como *Euoplocephalus*, sólo tenían tres dedos en dichas extremidades.

CABEZAS BLINDADAS

Los anquilosaurios tenían cráneos de forma casi triangular y estaban dotados de grandes picos, que resultaban idóneos para pacer en la vegetación baja. Los dientes eran diminutos. Las cabezas estaban recubiertas de placas óseas y, de la parte posterior, salían proyectados cuernos piramidales y cortos.

ANKYLOSAURUS

Ankylosaurus, aparecido hacia el final de la Era de los Reptiles, fue uno de los dinosaurios acorazados de mayor tamaño. Hasta el momento se han descubierto muy pocos especímenes de Ankylosaurus pero, a pesar de su rareza, se ha convertido en uno de los dinosaurios mejor conocidos, aunque comparativamente se sabe poco sobre él.

Nombre: Ankylosaurus
Vivió: hace 70 m.a.
Localización:
Norteamérica
Longitud: 10 m
Dieta: plantas
Hábitat: bosques abiertos

PROTECCIÓN TOTAL

Ankylosaurus tenía un cuerpo voluminoso, con forma de barril, soportado por cuatro extremidades cortas. Era un animal achaparrado, que se alzaba alrededor de 1 m del suelo, y era dos veces más ancho que alto. La totalidad de la parte superior del cuerpo estaba recubierta de gruesas placas ovaladas de material óseo incrustado en su piel. Estas placas óseas recorrían el dorso en bandas transversales. La cabeza, el rostro y los párpados también estaban recubiertos de almohadillas de coraza protectora. Varias hileras de espinas recorrían el lomo, y de la parte trasera de su cabeza sobresalían varios cuernos. La cola culminaba en una gran maza ósea formada por placas de coraza unidas entre sí.

EL CRÁNEO DE ANKYLOSAURUS

El cráneo de Ankylosaurus muestra la disposición de las espinas óseas piramidales que surgían de su parte trasera. Las mandíbulas albergaban numerosas muelas pequeñas. En la parte frontal, poseía un gran pico córneo desdentado.

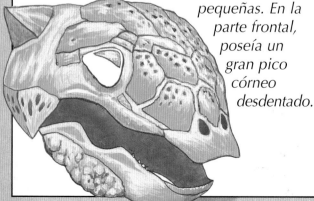

UNA SEÑAL DE ADVERTENCIA

Ankylosaurus podría haber pasado la mayor parte del tiempo paciendo. En caso de agresión, se habría defendido con la maza de la cola. En este caso, también podría haber aumentado la irrigación sanguínea de la piel para adquirir de ese modo una coloración rosácea, que actuaría como señal de advertencia.

HERBÍVORO RASTRERO

Sus cortas extremidades mantenían a *Ankylosaurus* próximo al suelo, de forma que sólo podía alimentarse de plantas que no crecieran más allá de los 2 m de altura. El amplio pico le permitía trocear y arrancar las plantas. Tenía una lengua grande, que presionaba el alimento en el interior de la boca antes de engullirlo.

Atacado por un Tyrannosaurus, un Ankylosaurus furioso propina un duro golpe al carnívoro agresor con la maza ósea de su cola.

LA MAZA CAUDAL DE ANKYLOSAURUS

La maza ósea del extremo de la cola estaba formada por dos o más placas de coraza (escudos óseos) fusionadas entre sí formando una masa pesada. La parte inferior de la cola era rígida y estaba reforzada con tendones osificados para dotarla de una mayor robustez.

Los ceratópsidos fueron un grupo amplio y extendido de dinosaurios del Cretácico. Algunos de ellos tenían cuernos en la cabeza, otros no. Algunos poseían golas óseas alrededor del cuello, otros carecían de ellas. Sus dimensiones oscilaban entre el tamaño de un pavo y el de un elefante. A pesar de las diferencias evidentes, los ceratópsidos compartían una cosa en común: un cráneo dotado de un hocico en forma de pico, similar al de un loro.

PSITTACOSAURUS

Cretácico, 130 m.a.
Asia
2,5 m de longitud

Psittacosaurus, hallado en China y Mongolia, fue uno de los primeros dinosaurios que desarrolló un pico, el cual le permitía cortar la vegetación. Era un herbívoro bípedo y esbelto, uno de los primeros miembros de la familia de los ceratópsidos. *Psittacosaurus* tenía unos molares prominentes, que en el curso de millones de años pudieron evolucionar hasta convertirse en los cuernos de dinosaurios como *Triceratops*.

Psittacosaurus

Leptoceratops

LEPTOCERATOPS

Cretácico, 70 m.a.
Australia, Norteamérica
2 m de longitud

Este animal de complexión ligera –y posiblemente de movimientos rápidos y ágiles– es un miembro primitivo de la familia de los ceratópsidos. Pertenece a un pequeño grupo de dinosaurios conocido como protoceratópsidos, que significa "primeros rostros con cuernos", denominación que resulta algo confusa, ya que *Leptoceratops* no tenía ningún cuerno en el rostro. Sin embargo, tenía otras características clave, como una gola ósea en el cuello, motivo por el cual está clasificado en el mismo grupo que *Triceratops* y los restantes dinosaurios cornudos.

PICO DE LORO

Psittacosaurus, el "lagarto loro", recibió este nombre por la forma peculiar de su cráneo, de aspecto similar al de un loro. El pico óseo estuvo probablemente cubierto de una capa de sustancia córnea rugosa. Detrás del pico, se encuentran numerosas muelas pequeñas dispuestas en los flancos de las mandíbulas. Carece de dientes frontales. Los ojos y los orificios nasales eran grandes.

PROTOCERATOPS

Cretácico
80 m.a.
Asia
2,5 m de longitud

CHASMOSAURUS

Cretácico, 75 m.a.
Norteamérica
5 m de longitud

Se han hallado numerosos fósiles de *Chasmosaurus*, lo que hace de él uno de los ceratópsidos mejor estudiados. *Chasmosaurus* tenía un cuerno pequeño sobre el hocico y dos de mayor longitud curvados hacia arriba por encima de los ojos. Una gola ósea de grandes dimensiones crecía en la parte posterior de la cabeza, que a pesar de su apariencia sólida, era en realidad bastante delgada y frágil. Al verse atacado, en lugar de emplear la gola como un escudo para desviar los golpes, podía utilizarla para confundir o amedrentar al adversario, en un intento de aparentar mayor corpulencia de la real. Este herbívoro con aspecto de rinoceronte pesó alrededor de 3,5 toneladas. Se cree que podía desplazarse con rapidez sobre sus cuatro robustas extremidades.

Protoceratops

Protoceratops –descubierto en el desierto de Gobi, Mongolia– es famoso por ser el primer dinosaurio que fue encontrado junto a un nido. Sus huevos, de forma cilíndrica, tenían 20 cm de largo y 17,5 cm de perímetro máximo y habían sido depositados en espiral en un nido poco profundo, que era una cavidad excavada en la arena del desierto. La gola ósea característica de los adultos se desarrollaba a medida que las crías crecían, y su función era proteger la delicada piel del cuello.

Chasmosaurus

Las golas cervicales y los cuernos son las características más llamativas de algunos ceratópsidos, a la vez que nos aportan pistas sobre el comportamiento de estos dinosaurios. Se cree que la piel que recubría estas golas estaba coloreada, quizás para atraer a la pareja. Por la posición de los cuernos, parece que los empleaban en los combates contra sus rivales.

Centrosaurus

Pachyrhinosaurus

STYRACOSAURUS

Cretácico, 70 m.a.
Norteamérica
5 m de longitud

Styracosaurus fue uno de los ceratópsidos de cornamenta más impresionante: alrededor de la gran gola cervical crecían seis cuernos largos y algunos otros más cortos, y su hocico estaba rematado por un cuerno nasal de 60 cm de longitud. Se cree que vivía en grandes rebaños y, al parecer, a pesar de sus 3 toneladas de peso y de sus patas cortas, era capaz de alcanzar velocidades de hasta 32 km/h.

CENTROSAURUS

Cretácico, 75 m.a.
Norteamérica
6 m de longitud

Centrosaurus vivió en bosques pantanosos, donde pacía en la vegetación baja, que arrancaba con su poderoso pico. Los molares de ambos lados de las mandíbulas troceaban el alimento, y los gastrolitos (piedras) que albergaba su estómago trituraban las plantas y el material leñoso hasta reducirlo a una pulpa jugosa que el sistema digestivo podía asimilar.

Centrosaurus era un animal gregario, y se cree que migraba en grandes manadas recorriendo las enormes distancias que separaban los territorios de pasto y de reproducción.

Styracosaurus

PACHYRHINOSAURUS

Cretácico, 70 m.a.
Norteamérica
6 m de longitud
Pachyrhinosaurus fue un ceratópsido de gran tamaño dotado de una gola cervical elevada y bordeada de cuernos pequeños. No se sabe con certeza si tuvo un cuerno nasal, ya que no se han encontrado cráneos completos. La punta del hocico presenta una gran almohadilla ósea, o protuberancia, que algunos científicos creen que reemplazaba al cuerno. Otros, por el contrario, afirman que era la base del cuerno, el cual se habría roto o se habría caído coincidiendo con la muda.

TOROSAURUS

Cretácico, 70 m.a.
Norteamérica
7,5 m de longitud
Torosaurus poseía la mayor cornamenta de todos los ceratópsidos, ya que alcanzaba los 2,6 m de longitud. Además, poseía el mayor cráneo de todas las criaturas terrestres que han vivido jamás. Tenía un cuerno corto en el hocico, dos cuernos largos sobre los ojos y un pico córneo sin dientes. Al igual que los restantes miembros de su familia, *Torosaurus* presentaba una cola corta y las extremidades traseras eran más largas que las delanteras, lo que le confería una posición estable.

Torosaurus

ESPACIOS HUECOS RECUBIERTOS DE PIEL

Algunas golas cervicales tenían orificios, que aligeraban su peso. Las golas estaban recubiertas de piel, la cual, al aumentar el aporte de sangre, daría lugar a la aparición de manchas a modo de ojos que servirían para atraer a la pareja o ahuyentar al enemigo.

Cráneo de Pachyrhinosaurus

Cráneo de Styracosaurus

TRICERATOPS

El dinosaurio con cuernos más conocido es *Triceratops*, cuyo nombre significa "rostro tricorne".

Nombre: Triceratops
Vivió: hace 70 m.a.
Localización: Norteamérica
Longitud: 9 m
Dieta: plantas
Hábitat: bosques abiertos

EL CRÁNEO DE TRICERATOPS

Triceratops tenía una gola cervical de borde ondulado y formada por hueso macizo, a diferencia de las golas de otros ceratópsidos, que presentaban huecos en su interior. Tenía además tres cuernos: dos sobre las cejas, de hasta 1 m de longitud, y un tercer cuerno nasal más corto.

Gola cervical

Cuerno supraorbital
Órbita ocular
Cuerno nasal
Orificio nasal

EL GIGANTE TRICORNE

Triceratops tenía un cuerpo voluminoso, una cola corta y extremidades robustas con pies ungulados, y debió de rondar las 10 toneladas de peso. Sus características más distintivas eran la gola cervical ósea y los tres cuernos afilados que crecían en la parte frontal del cráneo. Las mandíbulas de *Triceratops* terminaban, en su extremo delantero, en un gran pico óseo. Aunque el pico carecía de dientes, a ambos lados de las potentes mandíbulas poseía numerosos molares de pequeño tamaño.

PROTEGIENDO A LOS DÉBILES

Triceratops era un animal gregario que probablemente vivió en rebaños enormes de centenares o quizás miles de individuos. Para protegerse de los depredadores, los individuos jóvenes, enfermos o viejos viajaban en el centro del rebaño, mientras los animales más fuertes se mantenían vigilantes en los flancos.

DIETA VEGETARIANA

Triceratops era un herbívoro que se alimentaba de la vegetación baja que arrancaba con el pico. Los dientes masticadores troceaban la materia vegetal antes de engullirla. Los dientes desgastados se caían y eran reemplazados por otros nuevos.

Ante el ataque de varios carnívoros, una familia de Triceratops protege a las vulnerables crías colocándolas detrás de los adultos del grupo. Los adultos embisten a los atacantes con sus afilados cuernos.

DUELOS DE FUERZA

Han sido descubiertos cráneos de Triceratops que muestran señales de heridas, tales como perforaciones y rasguños profundos.

Probablemente, muchas de estas heridas fueron provocadas por las cornadas que los adultos se propinaban en las disputas por la pareja o por el territorio. Las heridas sanaban.

Los paquicefalosaurios ("dinosaurios de cabeza gruesa"), son llamados con frecuencia "dinosaurios de casco" por el grosor de su cráneo. Aparecieron por primera vez hace unos 130 millones de años y sobrevivieron hasta el final de la Era de los Reptiles. Su tamaño abarcaba desde ejemplares de 1 m de longitud hasta otros cinco veces mayores. Dinosaurios de casco se han encontrado tanto en Asia como en Europa y Norteamérica; no así en el hemisferio austral, donde aún no se ha hallado ningún ejemplar.

Prenocephale

Wannanosaurus

WANNANOSAURUS

Cretácico, 85 m.a.
Asia
60 cm de longitud
Procedente de China, es uno de los dinosaurios más pequeños que se conocen. Tenía una cabeza plana pequeña, con un cráneo abultado y numerosos dientes afilados. Presentaba, asimismo, miembros delanteros cortos y dotados de garras, una cola recia y robustas extremidades traseras con garras de tres dedos. Probablemente fue un corredor veloz, lo cual le permitió escapar del peligro. Pudo ser herbívoro con una dieta basada en vegetación baja y vivió en rebaños.

PRENOCEPHALE

Cretácico, 70 m.a.
Asia
2,5 m de longitud

Descubierto en Mongolia, *Prenocephale* poseía una cabeza con una bóveda craneal muy abultada, que da la impresión de albergar un gran cerebro. Sin embargo, al igual que los restantes dinosaurios de casco, *Prenocephale* tenía un cerebro pequeño resguardado bajo la bóveda maciza del cráneo. Una franja de espinas cortas y nódulos óseos recorría la parte trasera de la bóveda. A excepción de estos "ornamentos", el resto de la bóveda ósea era muy lisa. La dentadura era afilada y resultaba idónea para trocear las hojas y los tallos de las plantas y los árboles de escasa altura. El estómago albergaría pequeñas piedras (gastrolitos) para triturar el alimento y hacer de él una pulpa digerible y blanda.

HOMALOCEPHALE

Cretácico, 80 m.a.
Asia
3 m de longitud

Homalocephale

A diferencia de otros paquicefalosaurios, *Homalocephale* no tenía una bóveda craneal abombada. Su cráneo era plano, y nódulos óseos, espinas cortas y bordes crecían en la parte superior y trasera de la cabeza, así como en las mejillas. Sus ojos eran grandes y, posiblemente, tenía un buen olfato. Al carecer de medios de defensa, la aguda visión y el olfato debían de permitirle descubrir la presencia de depredadores al acecho y así, haciendo uso de las largas patas traseras, emprendería una rápida huida para alejarse del peligro.

Pachycephalosaurus

PACHYCEPHALOSAURUS

Cretácico, 70 m.a.
Norteamérica
4,6 m de longitud
Pachycephalosaurus fue el mayor de los dinosaurios de casco. Desgraciadamente, lo único que ha sido descubierto hasta hoy es el cráneo, lo que impide conocer con seguridad el tamaño y el aspecto del animal.

El cráneo muestra nódulos óseos sobre el hocico y en la parte trasera de la cabeza. Las mandíbulas albergaban numerosos dientes diminutos. *Pachycephalosaurus* fue uno de los últimos miembros de su familia y se extinguió, con muchísimas otras especies de animales, al final de la Era de los Reptiles, hace 65 millones de años.

EL CRÁNEO DE PACHYCEPHALOSAURUS

Pachycephalosaurus *tenía el mayor cráneo de todos los paquicefalosaurios. No sólo era realmente largo, 60 cm, sino que la bóveda craneal alcanzaba el increíble espesor de 25 cm. Bajo esta masa de hueso protector se encontraba la cavidad cerebral, que albergaba un cerebro diminuto.*

Bóveda ósea maciza

Nódulos óseos

Cavidad cerebral

Nódulos óseos

Los animales desarrollan características específicas por motivos concretos. En los paquicefalosaurios, los gruesos cráneos se desarrollaron para enfrentarse a sus semejantes con embestidas de la cabeza. Se cree que los paquicefalosaurios combatían entre ellos para decidir quién era el animal dominante del grupo, para escoger pareja o para elegir el mejor territorio.

"MICROCEPHALE"

Cretácico, 75 m.a.
Norteamérica
30 cm de longitud (incierto)

"*Microcephale*", descubierto en Canadá, es conocido sólo por dos pequeñas bóvedas craneales, de unos 5 cm de diámetro. Estos restos muestran, sin lugar a dudas, que era un paquicefalosaurio diminuto. Hasta el momento, los científicos no han finalizado su descripción y es probable aún que reciba otro nombre. Hasta que eso ocurra, se le ha asignado de manera provisional este nombre, que significa "cabeza diminuta".

Stygimoloch

Microcephale

NACIDOS PARA CORRER

Los paquicefalosaurios tenían las extremidades traseras largas y las delanteras cortas. Se piensa que tan sólo se desplazaban sobre las patas traseras. Eran corredores muy veloces, capaces de alcanzar grandes velocidades en tramos cortos para escapar de los depredadores o para dar caza a pequeñas presas, de las que se alimentaban.

STYGIMOLOCH

Cretácico, 70 m.a.
Norteamérica
3 m de longitud

Stygimoloch resulta destacable por ser el único paquicefalosaurio que tenía espinas en la cabeza, que medían entre 10 y 15 cm de longitud. Además de estas espinas, la cabeza poseía numerosos nódulos abultados. No se sabe con certeza si tanto el sexo masculino como el femenino poseían estas espinas cefálicas o si sólo eran propias de uno de ellos. *Stygimoloch* no debió de entablar combates de embestida como otros paquicefalosaurios; en su lugar, pudo participar en exhibiciones rituales en las que los distintos pretendientes harían gala de las espinas para desbancar a sus oponentes.

Goyocephale

UN MEDIO DE DEFENSA

Los paquicefalosaurios pudieron emplear sus gruesos cráneos como medio de defensa. Atacado por un depredador, el paquicefalosaurio embestiría con la cabeza al agresor, desequilibrándolo. Con esto conseguiría hacer retroceder a su atacante mientras él emprendía la huida y se alejaba de su perseguidor.

GOYOCEPHALE

Cretácico, 70 m.a.
Asia
2 m de longitud

Goyocephale, un dinosaurio de casco hallado en Mongolia, tenía el cráneo aplanado en lugar de abovedado. Ésta es una de las características utilizadas para distinguir los distintos subgrupos de paquicefalosaurios: los asiáticos tienen cabezas aplanadas y los norteamericanos abovedadas. *Goyocephale* es notable por los cortos caninos de ambas mandíbulas. Cuando cerraba las fauces, los caninos inferiores se introducían en la mandíbula superior a través de una serie de muescas abiertas en ella.

A menudo, se atribuye a *Stegoceras* y a otros paquicefalosaurios una forma de luchar que quizás no es la acertada. Los animales que se enfrentan topando las cabezas corren el riesgo de autolesionarse. Quizás *Stegoceras* empleó la cabeza para golpear otras partes del cuerpo, por ejemplo los flancos. Los combates con choque de cabezas habrían tenido lugar únicamente con fines específicos, tales como dirimir disputas sobre parejas y territorios.

Nombre: Stegoceras
Vivió: hace 70 m.a.
Localización: Norteamérica
Longitud: 2 m
Dieta: plantas
Hábitat: bosques

En una disputa territorial, dos Stegoceras adultos se embisten y empujan mutuamente en un duelo que decidirá cuál de los dos es el animal dominante del rebaño. El perdedor sería obligado a abandonar el grupo.

EL CRÁNEO DE STEGOCERAS

La cabeza de un adulto tenía alrededor de 20 cm de longitud y presentaba una región frontal muy gruesa cubierta de bultos. La parte más voluminosa del cráneo, encima del cerebro, tenía un espesor de 6 cm, y la parte posterior, una cresta (un saliente craneal) cubierta de protuberancias y nódulos.

Saliente craneal

EXTREMIDADES TRASERAS Y COLA LARGAS

Stegoceras fue un paquicefalosaurio de tamaño medio que se desplazaba sobre dos largas patas. Los ejemplares jóvenes presentaban un cráneo plano, que desarrollaba progresivamente la bóveda craneal característica a medida que los animales crecían y se hacían adultos. *Stegoceras* tenía ojos grandes y, probablemente, un buen sentido de la vista. Sus cortos brazos estaban rematados por cinco dedos, mientras que los cuartos traseros acababan en cuatro dedos. *Stegoceras* tenía una cola alargada y rígida.

ARIETES

Se cree que *Stegoceras* pudo vivir agrupado en rebaños, desplazándose a través de los bosques y a lo largo de las orillas de los ríos y los lagos. De vez en cuando, dos individuos se enzarzaban en un combate a cabezazos. Entre los jóvenes, este tipo de lucha tendría carácter de juego, emulando los combates reales de los adultos.

AFILADOS COMO NAVAJAS

Stegoceras fue probablemente un animal herbívoro. Las mandíbulas contenían numerosos dientes pequeños y afilados, algunos de los cuales tenían un borde aserrado para cortar la vegetación dura y leñosa en piezas pequeñas. También pudo alimentarse esporádicamente de insectos, pequeños lagartos o mamíferos.

LLEVAR LA COMIDA A LA BOCA

Las manos y los dedos de Stegoceras eran adecuados para agarrar plantas, que quizás acercaba hasta la boca para morder las hojas y los tallos. También pudo emplear las garras de los dedos para desenterrar raíces y otras partes comestibles subterráneas.

CAPÍTULO CINCO

DINOSAURIOS CON PICO DE PATO Y OTROS DINOSAURIOS

Durante el Jurásico y el Cretácico aparecieron nuevas formas de herbívoros bípedos y cuadrúpedos que caminaban sobre los dedos, en lugar de sobre la planta del pie, como hacían muchos otros herbívoros, por ejemplo los saurópodos. En 1881, el buscador de fósiles americano Othniel Charles Marsh (1831-1899) los bautizó con el nombre de ornitópodos, que significa "pies de ave", en alusión al modo de caminar "de puntillas". Los ornitópodos eran animales ágiles, capaces de moverse con rapidez, y de múltiples tamaños –desde los pequeños de menos de 2 m de longitud hasta los gigantes de unos 20 m–. Los ornitópodos fueron los primeros dinosaurios herbívoros dotados de molares verdaderos, y también los primeros con abazones. En su época, fueron muy abundantes y se extendieron a todas las regiones –sus fósiles han sido encontrados en todos los continentes, incluida la Antártida–. Hasta el momento, se han identificado numerosos grupos, o familias, de estos dinosaurios.

Dentro del grupo de los ornitópodos se incluyen especies de tamaños muy dispares.

DINOSAURIOS CON "DIENTES DISTINTOS"

Los heterodontosaurios son una familia de dinosaurios que se caracterizan por la posesión de tres tipos de dientes: incisivos, caninos y molares. Aparecieron durante el Jurásico inferior, y fueron los primeros ornitópodos.

Parksosaurus

*Iguanodon
10 m de longitud*

*Hypsilophodon
2,4 m de longitud*

DINOSAURIOS CON "DIENTES DE CRESTA ALTA"

Estos dinosaurios eran los hipsilofodontes, caracterizados por sus molares y premolares cincelados y de cresta alta. Un buen ejemplo de hipsilofodonte es *Leaellynasaura*.

DINOSAURIOS CON "DIENTES DE IGUANA"

Los iguanodontes se caracterizaban por la posesión de numerosos molares y premolares crestados y pequeños, muy juntos entre sí. El iguanodonte más conocido es *Iguanodon*.

DINOSAURIOS CON PICO DE PATO

Los hadrosaurios, que significa "lagartos grandes", son denominados con frecuencia "dinosaurios con pico de pato" debido a la forma de sus picos. Un hadrosaurio muy conocido es *Maiasaura*.

Edmontosaurus

Parasaurolophus

Edmontosaurus

Hypsilophodon

Los hocicos de los ornitópodos acababan en picos óseos recubiertos de sustancia córnea, que resultaban idóneos para trocear la vegetación.

Pequeños grupos de ornitópodos atraviesan un paisaje cretácico de hace 120 millones de años en su migración de una zona de pasto a otra.

Los primeros ornitópodos que aparecieron fueron los heterodontosaurios, los "dinosaurios de dientes diferentes". Surgidos en el Triásico superior o a principios del período Jurásico, hace alrededor de 220 millones de años, al parecer vagaron por Sudáfrica, aunque también han sido hallados restos aislados en Europa, Sudamérica y posiblemente Norteamérica. Todos eran herbívoros bípedos de pequeño tamaño, dotados de picos óseos y de varios tipos de dientes especializados.

Pisanosaurus

PISANOSAURUS

Triásico, 220 m.a.
Sudamérica
90 cm de longitud

Algunos científicos creen que *Pisanosaurus*, hallado en Argentina, es el heterodontosaurio más antiguo que se conoce. Sin embargo, como todo lo que se ha encontrado de él hasta ahora son fragmentos del cráneo, la mandíbula, la columna, las extremidades y el pie –todos ellos pertenecientes a un mismo individuo–, hay dudas respecto a si pertenecía a esta familia o no.

Pisanosaurus tenía dientes puntiagudos, pero al parecer carecía de los caninos con forma de colmillo encontrados en otros miembros del grupo, como el más conocido *Heterodontosaurus*. Sea cual sea el grupo al que pertenece realmente, una cosa es cierta: con 220 millones de años de antigüedad, es uno de los primeros dinosaurios que poblaron la Tierra. Los fósiles nos muestran que era un reptil de talla pequeña, un rasgo común a todos los dinosaurios primitivos.

TRES TIPOS DE DIENTES DISTINTOS

Heterodontosaurus, que significa "lagarto de dientes distintos", recibió este nombre por su peculiar dentición. Tras el pico óseo, se hallan los incisivos con forma de cincel y, a continuación, los colmillos (quizás sólo presentes en los machos), similares a los caninos de un perro. Aunque podría haber rasgado la vegetación con ellos, su función no está clara. En la parte posterior de la boca, se encontraban numerosas muelas crestadas, que empleaba para masticar.

Abrictosaurus

ABRICTOSAURUS

Jurásico, 205 m.a.
Sudáfrica
1,2 m de longitud
Abrictosaurus también pudo ser uno de los primeros heterodontosaurios. Sin embargo, del mismo modo que con tantos otros dinosaurios de los que se han encontrado muy pocos restos fósiles, la identificación como especie diferenciada no es absolutamente segura. El cráneo de este animal carece de colmillos, y bien podría darse el caso de que no se tratase más que de un *Heterodontosaurus* hembra –los machos y las hembras de *Heterodontosaurus* podrían diferenciarse por la posesión o no de colmillos–. Para demostrar o refutar esta teoría, es necesario encontrar más fósiles.

HETERODONTOSAURUS

Jurásico, 205 m.a.
Sudáfrica
1,2 m de longitud
Heterodontosaurus tenía brazos cortos, y extremidades traseras largas y esbeltas, lo que indica que era un veloz corredor. El hocico acababa en un pico óseo, y las mandíbulas albergaban tres tipos de dientes: pequeños incisivos afilados, a los que seguían los colmillos y, detrás de ellos, en la parte más interna de la boca, los molares. Es posible que sólo los machos poseyeran colmillos, que podrían haber empleado durante la época de celo y en exhibiciones de apareamiento. *Heterodontosaurus* pacía entre la vegetación baja, cortando con el pico y los incisivos el material vegetal.

Heterodontosaurus

Habitualmente, se ha considerado que los heterodontosaurios eran herbívoros que pacían con sus picos entre la vegetación baja. Sin embargo, también podrían haber sido omnívoros y alimentarse de vegetales y carne. Tenían brazos robustos y manos grandes dotadas de garras, que parecen adecuadas para escarbar. Es posible que los heterodontosaurios no sólo utilizaran las manos para desenterrar raíces y tubérculos comestibles, sino también pequeños animales subterráneos e insectos.

LYCORHINUS

Jurásico, 200 m.a.
Sudáfrica
1,2 m de longitud
(incierto)

Todo lo que se conoce de *Lycorhinus* es su dentadura, a partir de la cual puede deducirse que su aspecto era similar al de *Heterodontosaurus*. *Lycorhinus* tenía unos caninos grandes ligeramente curvados en ambas mandíbulas. Estos dientes estaban afilados y tenían el aspecto de pequeños colmillos. *Lycorhinus* recibe de ellos su nombre, que significa "hocico de lobo". Su función no se conoce con certeza, ya que *Lycorhinus* era herbívoro y este tipo de dientes resulta más habitual en los carnívoros, lo que hace pensar a los científicos que los emplearon en el cortejo o en luchas entre semejantes y no para morder la carne.

Lycorhinus

Lanasaurus

LANASAURUS

Jurásico, 200 m.a.

Sudáfrica

1,2 m de longitud (incierto)

Otro heterodontosaurio sudafricano conocido únicamente por su dentadura es *Lanasaurus*. Podría tratarse de otro ejemplar de *Lycorhinus*, pero para resolver el misterio es necesario encontrar más huesos fósiles. *Lanasaurus* tenía dientes autoafilables, es decir, cuando abría y cerraba las mandíbulas, los dientes rozaban entre sí y, de este modo, se mantenían afilados y cincelados. Los dientes viejos y desgastados se desprendían y eran reemplazados por nuevos, todo ello en grupos de tres en tres.

Echinodon

ECHINODON

Jurásico, 150 m.a.

Europa

60 cm de longitud

No todos los científicos creen que *Echinodon*, descubierto en el sur de Inglaterra, fuera un heterodontosaurio. La presencia de escamas óseas entre los huesos fosilizados ha llevado a algunos científicos a clasificarlo en una familia propia (los fabrosaurios) dentro del grupo de los ornitópodos. Sin embargo, sus dientes parecen revelar otra historia: tenía caninos pequeños y puntiagudos tanto en la mandíbula inferior como en la superior, un rasgo distintivo de los heterodontosaurios. *Echinodon* fue un herbívoro de tamaño pequeño, y uno de los últimos miembros de su familia.

DINOSAURIOS CON ABAZONES

El estudio de la posición de los dientes en las mandíbulas permite saber con certeza que los heterodontosaurios tenían unos carrillos abultados (abazones), una característica común a todos los ornitópodos pero que los heterodontosaurios fueron los primeros en desarrollar. Como las superficies de los molares estaban inclinadas hacia abajo y hacia fuera, al parecer, cuando masticaba, se depositaba en los carrillos alimento parcialmente triturado. La lengua del animal empujaba constantemente el alimento acumulado en los abazones hacia las muelas.

LESOTHOSAURUS

Lesothosaurus pudo ser un ornitópodo, aunque no se sabe con certeza, y ha sido clasificado en una pequeña familia, la de los fabrosaurios.

Nombre: Lesothosaurus
Vivió: hace 200 millones de años
Localización: Sudáfrica
Longitud: 1 m
Dieta: plantas
Hábitat: semiárido

ESTIVACIÓN

Lesothosaurus *pudo pasar largos períodos sumido en un sueño profundo, con el fin de ahorrar energía. La prueba de ello proviene de dos esqueletos que se han encontrado enroscados entre sí. Los científicos creen que los animales se encontraban en una madriguera, durante una época de tiempo muy caluroso, para estivar (el equivalente veraniego a la hibernación), pero habrían muerto mientras dormían.*

Un grupo de Lesothosaurus *que se desplaza por un paisaje semidesértico del Jurásico inferior detiene su marcha para alimentarse de la escasa vegetación existente, como las hojas coriáceas de las cicadales.*

PEQUEÑO PERO VELOZ

Lesothosaurus tenía unas patas traseras largas, lo que indica que era un veloz corredor. Sus brazos eran cortos, dotados de cinco dedos en cada mano que eran adecuados para agarrar y sujetar objetos. La cola, larga y puntiaguda, se mantenía rígida por la presencia de tendones osificados. El cuello, por el contrario, era flexible y acababa en una pequeña cabeza triangular de grandes ojos. Los incisivos eran afilados y puntiagudos, y poseía numerosas muelas masticadoras en los laterales de las mandíbulas.

HERBÍVORO PACEDOR

Lesothosaurus era herbívoro y vivía en un hábitat árido, donde el alimento escaseaba durante algunas épocas del año. Se alimentaba de vegetación baja y quizás de raíces que desenterraba con las manos.

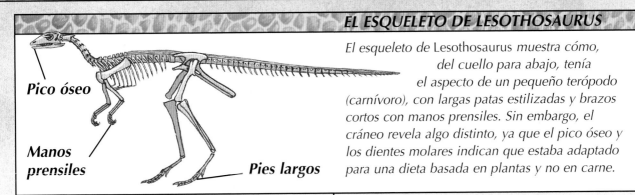

EL ESQUELETO DE LESOTHOSAURUS

Pico óseo

Manos prensiles

Pies largos

El esqueleto de Lesothosaurus muestra cómo, del cuello para abajo, tenía el aspecto de un pequeño terópodo (carnívoro), con largas patas estilizadas y brazos cortos con manos prensiles. Sin embargo, el cráneo revela algo distinto, ya que el pico óseo y los dientes molares indican que estaba adaptado para una dieta basada en plantas y no en carne.

UN DINOSAURIO DEL TAMAÑO DE UN PERRO

Se cree que *Lesothosaurus*, que tenía aproximadamente el tamaño de un perro, vivió en grupos que se desplazaban a través de llanuras áridas y cálidas. La mayor parte del tiempo se movía a dos patas, pero pudo apoyarse sobre las cuatro cuando se alimentaba. Si percibía un peligro, súbitamente emprendía una rápida carrera para ponerse a salvo.

Los hipsilofodontes, dinosaurios con "molares de cresta alta", fueron una familia de ornitópodos longeva, cuya existencia se prolongó a lo largo de más de 100 millones de años, desde 170 hasta 65 millones de años atrás. Eran animales de talla pequeña y media, que alcanzaban como máximo 4 m de longitud, muy extendidos, de ahí que sus restos hayan sido hallados en la mayoría de los continentes, incluida la Antártida y Australia.

OTHNIELIA

Jurásico, 150 m.a.
Norteamérica
1,4 m de longitud
Othnielia era un animal liviano, dotado de una cabeza pequeña, un pico óseo y molares autoafilables. Del mismo modo que los restantes miembros de su familia, poseía abazones, carrillos agrandados donde se deslizaba alimento parcialmente masticado antes de que la lengua lo condujera a las muelas donde era triturado. Tenía ojos grandes, patas de corredor, manos y pies rematados por dedos con garras, y una cola rígida, que le ayudaba a mantener el equilibrio cuando corría.

Othnielia

HYPSILOPHODON

Cretácico, 120 m.a.
Europa, Norteamérica
2,4 m de longitud

Hypsilophodon

Hypsilophodon vivía en manadas, era rápido y se desplazaba velozmente sobre sus dos largas patas traseras. Cada pie estaba dotado de cuatro dedos. Tenía un cráneo pequeño, ojos grandes, un pico óseo y abazones donde acumulaba el alimento triturado parcialmente. Las mandíbulas contenían alrededor de 30 dientes cincelados. *Hypsilophodon* era un herbívoro que se alimentaba de plantas bajas, como helechos y colas de caballo. La masticación continua desgastaba probablemente los dientes, y a medida que se le caían eran reemplazados por nuevas piezas dentales.

FULGUROTHERIUM

Cretácico, 130 m.a.
Australia
2 m de longitud
Se han encontrado pocos restos de *Fulgurotherium*. En un primer momento, fue tomado por un terópodo (carnívoro). Sin embargo, su mandíbula muestra que tenía el pico desdentado y los molares cincelados característicos de un hipsilofodonte herbívoro. Pudo ser un animal migratorio, que se desplazaba al norte cada año para escapar de los inviernos fríos, en una época en la que Australia estaba unida a la Antártida.

Fulgurotherium

Thescelosaurus

THESCELOSAURUS

Cretácico, 70 m.a.
Norteamérica
4 m de longitud
Thescelosaurus fue uno de los últimos miembros de la familia de los hipsilofodontes, y vivió en las postrimerías de la Era de los reptiles. Era herbívoro y poblaba los bosques. *Thescelosaurus* es el primer dinosaurio del que se ha encontrado un corazón fosilizado (en un ejemplar apodado "Willo"). El corazón tiene cuatro cámaras y guarda una mayor semejanza con el corazón de un ave o un mamífero que con el de un reptil. Ésta es una prueba sólida de que algunos dinosaurios tenían un metabolismo elevado y de que probablemente eran animales de sangre caliente, lo cual les permitía tener vidas muy activas.

NACIDOS PARA CORRER

Los miembros de la familia de los hipsilofodontes eran animales ágiles, con una constitución apta para correr. A menudo, se los compara con animales corredores actuales, tales como las gacelas, y pudieron lograr velocidades de hasta 37 km/h en distancias cortas. Su única defensa frente a los depredadores era la velocidad.

Los hipsilofodontes reciben este nombre por la forma distintiva de los dientes molares, que presentaban crestas elevadas en la superficie superior. Al masticar, las mandíbulas se cerraban y la superior se desplazaba ligeramente hacia fuera describiendo un movimiento circular. De ese modo, actuaba como una rueda de molino, triturando el alimento contra los dientes de relieve elevado. Entre los animales actuales que mastican de un modo similar encontramos a los camellos y las vacas.

AGILISAURUS

Jurásico, 165 m.a.
Asia
1 m de longitud
Agilisaurus, un pequeño herbívoro hallado en China, desconcierta a los científicos, que dudan a la hora de incluirlo o no en la familia de los hipsilofodontes.

También podría tratarse del miembro de una nueva familia de dinosaurios. Tenía una cabeza pequeña, y sus mandíbulas albergaban grandes molares foliformes muy juntos unos con otros y dientes frontales de mayor tamaño y puntiagudos. Los ojos eran grandes, el cuello y los brazos cortos, y las patas y la cola alargadas.

UNA DIETA VEGETAL

La parte frontal de la boca de los hipsilofodontes carecía de incisivos. En lugar de ello, presentaban un pico óseo con el que cortaban la vegetación. La materia vegetal era empujada a los abazones con la robusta lengua. A continuación, los largos molares recubiertos de crestas profundas comenzaban a triturar el alimento reduciendo rápidamente las plantas a una pulpa jugosa fácil de engullir.

Agilisaurus

DRYOSAURUS

Jurásico, 150 m.a.
África, Norteamérica
4 m de longitud
Dryosaurus se caracteriza por un pico óseo recubierto de sustancia córnea y largas muelas de crestas elevadas a la altura de los abazones. Los dientes estaban cubiertos de una gruesa capa de esmalte rugoso. Al igual que otros miembros de la familia, se piensa que *Dryosaurus* vivió en manadas, que recorrían grandes distancias para pacer en distintos territorios de pasto. Sus manos tenían cinco dedos, que pudo emplear para sujetar y arrancar plantas.

Dryosaurus

Parksosaurus

PARKSOSAURUS

Cretácico, 65 m.a.
Norteamérica
2,4 m de longitud
Parksosaurus fue uno de los últimos hipsilofodontes y vivió al final de la Era de los Reptiles. Hallado en Canadá, tenía dientes romos con forma de clavija, adecuados para masticar hojas gruesas y frutos carnosos. Como en otros hipsilofodontes, la cola se mantenía rígida por la acción de unos tendones osificados y, estirada en posición horizontal, le permitía guardar el equilibrio.

LEAELLYNASAURA

OJOS GRANDES PARA VER EN LA OSCURIDAD

Leaellynasaura *vivía* próximo al polo sur, donde cada año había unos cuatro meses de oscuridad total. Se cree que sus grandes ojos, y los nervios ópticos que los conectaban con el cerebro, estaban adaptados para ayudarlo a ver en la oscuridad.

Durante la Era de los Reptiles, Australia se encontraba en una posición geográfica distinta a la actual, más al sur y unida a la Antártida. Los animales que habitaban allí sobrevivían en un clima frío y oscuro. Uno de ellos fue *Leaellynasaura*, **un pequeño hipsilofodonte.**

Nombre: Leaellynasaura
Vivió: hace 105 millones de años
Localización: Australia
Longitud: 1 m
Dieta: plantas
Hábitat: bosques abiertos

HIBERNACIÓN

Durante los meses invernales, Leaellynasaura *pudo sumirse en un estado de hibernación. Ello significa que la respiración y los latidos del corazón se enlentecerían y la temperatura del cuerpo descendería, todo con el fin de ahorrar energía. Con el retorno de los días cálidos recobraría la actividad.*

NACIDO PARA CORRER

Leaellynasaura era un poco más grande que un pavo. Este dinosaurio bípedo de grandes ojos tenía un pico desdentado y muelas crestadas en las mandíbulas. Las extremidades traseras alargadas indican que era un corredor veloz, que probablemente mantenía la cola estirada cuando corría, equilibrando su cuerpo para evitar caer.

RAÍCES Y BAYAS

Leaellynasaura era un herbívoro que mordisqueaba la vegetación baja –hojas, tallos, helechos y bayas– y quizás también raíces y tubérculos comestibles que desenterraba con sus garras.

¿UN DINOSAURIO DE SANGRE CALIENTE?

Leaellynasaura pudo ser un animal gregario, que vivió en rebaños en un entorno boscoso. Debió de soportar unas temperaturas extremas, lo que ha hecho pensar a los científicos que era capaz de generar su propio calor corporal, es decir, que se trataría de un animal de sangre caliente.
Si así fuera, *Leaellynasaura* pudo haber sido una criatura activa todo el año, sin necesidad de tener que hibernar durante el invierno.

En el crepúsculo casi perpetuo de la Australia del Cretácico, un grupo de dinosaurios Leaellynasaura *abreva en la orilla de un estanque.*

Los iguanodontes, que significa "diente de iguana", por la semejanza de sus dientes con los de las iguanas actuales, fueron los ciervos o las vacas de su época, alimentándose de cantidades ingentes de vegetación. Aparecidos a mediados del Jurásico, hace unos 170 millones de años, sobrevivieron hasta el final de la Era de los Reptiles, hace 65 millones de años. Eran ornitópodos de todos los tamaños y sus restos han sido descubiertos en la mayoría de los continentes.

Muttaburrasaurus

OURANOSAURUS

Cretácico, 110 m.a.
África
7 m de longitud
Ouranosaurus fue uno de los miembros de la familia de mayor tamaño, notable por la peculiar "cresta" de piel que recorría su lomo, de una altura de hasta 50 cm. La función de esta cresta no se conoce con certeza, pero podría haber estado coloreada de forma llamativa para ahuyentar a los depredadores.

MUTTABURRASAURUS

Cretácico, 110 m.a.
Australia
7 m de longitud
A primera vista, *Muttaburrasaurus* tiene el aspecto de *Iguanodon*, el miembro más conocido de la familia. Sin embargo, ambos iguanodontes manifiestan diferencias perceptibles. *Muttaburrasaurus* tenía una almohadilla ósea sobre la nariz, de la que carecía *Iguanodon*. Asimismo, sus molares resultaban idóneos para cortar la vegetación, mientras que los molares de *Iguanodon* estaban diseñados para triturar el alimento.

Ouranosaurus

Los iguanodontes pasaban la mayor parte del tiempo paciendo a cuatro patas, empleando sus picos para mordisquear y trocear las plantas bajas. Ocasionalmente, también podrían erguirse sobre las patas traseras para ramonear entre la vegetación arbórea.

Camptosaurus

RHABDODON

Cretácico, 75 m.a.
Europa
4,7 m de longitud
Rhabdodon fue un

iguanodonte de talla media, dotado de grandes piezas dentales con forma de barra y superficies masticadoras romas. Los estudios de los huesos de sus extremidades han revelado la presencia de anillos de crecimiento en su interior, como los observados en los huesos de algunos reptiles modernos. Gracias a estos anillos, que señalan las fases de crecimiento lento y rápido, se ha podido calcular que *Rhabdodon* necesitaba dieciséis años para alcanzar el tamaño adulto. A medida que envejecía, el ritmo de crecimiento se reducía.

CAMPTOSAURUS

Jurásico, 150 m.a.
Europa, Norteamérica
6 m de longitud
Los numerosos ejemplares hallados de *Camptosaurus* hacen de él un iguanodonte bien conocido. Se trata de uno de los primeros y vivió en bosques de coníferas, donde se alimentaba de la vegetación del sotobosque, que trituraba con sus molares cincelados.

Las robustas extremidades traseras indican que probablemente era un buen corredor. Puede que la única defensa de *Camptosaurus* frente al ataque de depredadores como *Allosaurus* fuera la velocidad. Las garras curvas que tenía pudieron servirle para desenterrar alimentos del suelo.

Rhabdodon

A lo largo de los 100 millones de años que los iguanodontes poblaron la Tierra, sus cuerpos sufrieron pequeños cambios evolutivos. Los primeros iguanodontes tenían tendones osificados que mantenían rígidos el dorso y la cola, los últimos presentaban un entramado de varillas óseas. Los iguanodontes primitivos tenían cuatro dedos, los posteriores presentaban sólo tres. Los dientes de los últimos iguanodontes estaban muy juntos entre sí. Toda esta serie de cambios graduales permitió que los iguanodontes dieran lugar al último grupo de ornitópodos, los dinosaurios de pico de pato o hadrosaurios.

Vectisaurus

TENONTOSAURUS

Cretácico, 115 m.a.
Norteamérica
7 m de longitud
Tenontosaurus fue un herbívoro de gran tamaño que se asemejaba a *Iguanodon*. Al igual que su pariente, tenía manos y pies ungulados, y la cola poseía tendones que la mantenían rígida. Junto a los restos de este dinosaurio, se han encontrado los dientes del carnívoro *Deinonychus*, lo que indica que pudo ser víctima del ataque de este depredador, entre otros. Sin embargo, resulta igualmente probable que *Deinonychus* se alimentara de los restos de un *Tenontosaurus* muerto.

Tenontosaurus

VECTISAURUS

Cretácico, 130 m.a.
Europa
4 m de longitud
A medida que se descubren nuevos fósiles de dinosaurios y se obtiene nueva información sobre ellos, se vuelven a reexaminar los fósiles hallados en el pasado. En ocasiones, los dinosaurios que habían sido clasificados como pertenecientes a una especie propia resultan corresponder a otra especie ya descrita. Un ejemplo de ello es *Vectisaurus*, un iguanodonte descubierto en el sur de Inglaterra. Fue bautizado en 1879, y se consideró que era el representante de una nueva especie. Sin embargo, hoy los científicos creen que en realidad se trata de un miembro joven de *Iguanodon*.

PROBACTROSAURUS

Cretácico, 100 m.a.

Asia

6 m de longitud

Algunas de las características de *Probactrosaurus*, como su cabeza alargada y aplanada en la parte superior, son similares a las que presentan los hadrosaurios (dinosaurios con pico de pato). Éste es un hecho que cabía esperar, ya que los hadrosaurios evolucionaron a partir de los iguanodontes, y *Probactrosaurus*, hallado en China, pudo ser uno de sus primeros antepasados. Este dinosaurio herbívoro tenía un hocico angosto, una mandíbula inferior alargada y molares planos para masticar. Los dientes desgastados y viejos se caían y eran sustituidos por otros nuevos.

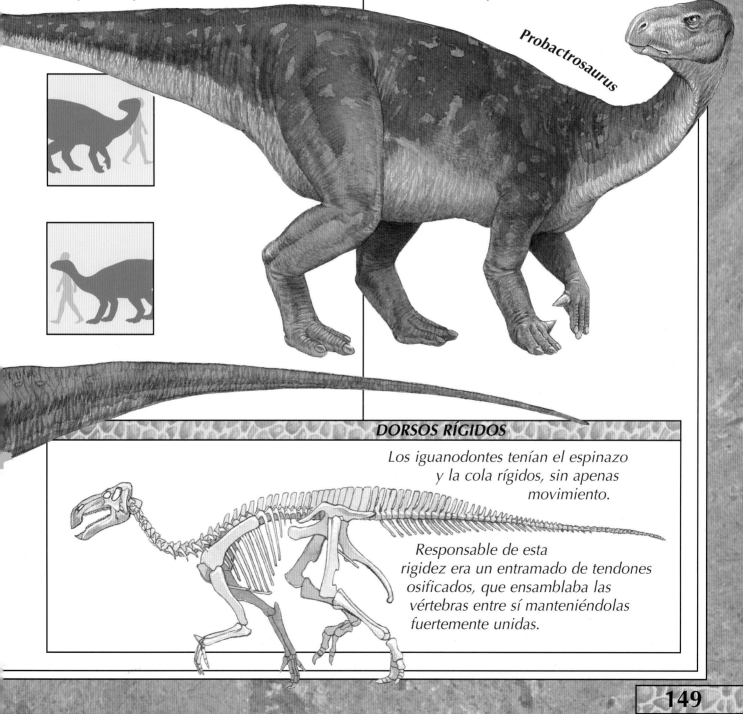

Probactrosaurus

DORSOS RÍGIDOS

Los iguanodontes tenían el espinazo y la cola rígidos, sin apenas movimiento.

Responsable de esta rigidez era un entramado de tendones osificados, que ensamblaba las vértebras entre sí manteniéndolas fuertemente unidas.

IGUANODON

Iguanodon es uno de los dinosaurios mejor conocidos. En 1822, fue descubierto uno de sus dientes en Cockfield, una pequeña localidad de Sussex, Inglaterra. El diente fue objeto de estudio del coleccionista de fósiles local Dr. Gideon Mantell (1790-1852), quien lo identificó como perteneciente a un animal prehistórico desconocido. En una visita al Real Colegio de Cirujanos de Londres, el Dr. Mantell pudo observar el diente de una iguana actual, un reptil sudamericano. En el año 1825, el Dr. Mantell llamó a la criatura Iguanodon, que significa "dientes de iguana", convirtiéndose en el segundo dinosaurio que recibía un nombre.

Nombre: Iguanodon
Vivió: hace 130 millones de años
Localización: Asia, Europa, Norteamérica
Longitud: 10 m
Dieta: plantas
Hábitat: bosques

UNA CABEZA EQUINA

Iguanodon era un animal de gran talla, con una cola rígida y una cabeza equina rematada por un pico desdentado y romo cubierto de una capa córnea. Las mandíbulas acogían numerosos molares, de 5 cm de longitud, colocados muy juntos a lo largo de los carrillos. Al igual que las vacas y los caballos actuales, *Iguanodon* tenía pies de tres dedos con pezuñas. Cada mano tenía cuatro dedos largos y un pulgar en forma de espolón.

A DOS O A CUATRO PATAS

Iguanodon podía caminar a dos o a cuatro patas y alcanzar una velocidad de hasta 20 km/h. Al desplazarse, mantenía la cola estirada y el lomo paralelo al suelo. Se cree que *Iguanodon* vivió en rebaños en un entorno boscoso de helechos arbóreos gigantes, coníferas y magnolios.

EL ESPOLÓN

Las manos de Iguanodon tenían cuatro dedos largos con garras y un gran pulgar en punta. Los dedos estaban articulados y podían doblarse, en particular su dedo meñique (el quinto dedo), que podía flexionarse sobre la palma de la mano, lo que le permitía asir objetos.

TRITURAR Y TRITURAR

El pico córneo les permitía trocear la materia vegetal que pastaban: hojas, ramas, frutos y semillas. Los dientes masticadores, afilados y largos, se movían circularmente, lo que le permitía moler las plantas hasta obtener una pulpa blanda. La lengua removía de forma incesante el alimento contenido en su boca, introduciéndolo y sacándolo de los abazones hasta que estaba listo para engullir.

Una familia de Iguanodon sacia su sed en un río y pace entre la vegetación propia del Cretácico inferior que crece en la orilla. Tras su marcha, las huellas dejadas en el barro y las boñigas de excremento serán los únicos testimonios de su paso por el lugar.

EL USO DEL ESPOLÓN

Iguanodon pudo emplear el espolón como medio de defensa en momentos de peligro, usándolo como una daga contra el agresor. También pudo utilizarlo en disputas entre rivales, en las que dos dinosaurios Iguanodon se enfrentarían hasta que uno de ellos se retirara.

Los hadrosaurios, comúnmente conocidos como "dinosaurios con pico de pato" por la forma de sus picos, fueron el último gran grupo de dinosaurios en aparecer. Surgieron a partir de los iguanodontes hace 100 millones de años. Los hadrosaurios prosperaron mucho y colonizaron gran parte del planeta hasta su desaparición al final de la Era de los Reptiles, hace 65 millones de años.

HADROSAURUS

Cretácico, 75 m.a.
Norteamérica
9 m de longitud
Hadrosaurus es famoso por ser el primer dinosaurio del que se encontró el esqueleto prácticamente completo. Fue excavado en EE.UU. en 1857 y bautizado al año siguiente. *Hadrosaurus* significa sencillamente "lagarto grande".

Saurolophus

SAUROLOPHUS

Cretácico, 70 m.a.
Asia, Norteamérica
12 m de longitud
Saurolophus tenía la cola larga, brazos cortos y extremidades traseras largas dotadas de 3 dedos ungulados. Una característica peculiar era la larga espina ósea de la parte posterior de la cabeza, que se extendía a lo largo de su hocico hasta un orificio cercano a las narinas. Este orificio pudo estar cubierto de una solapa suelta o bolsa de piel, que podría haber hecho vibrar resoplando para producir "bocinazos", una forma de comunicación con sus semejantes.

Hadrosaurus

EL PICO DE PATO

Resulta sencillo entender por qué los primeros investigadores dieron a los hadrosaurios el apodo de "picos de pato". La mitad superior de la boca del hadrosaurio carecía de dientes y sobresalía por encima de la mitad inferior formando un pico semicircular, aplanado y ancho. Ambas mitades estaban cubiertas de una capa dura y gruesa de sustancia córnea.

Lambeosaurus

LAMBEOSAURUS

Cretácico, 70 m.a.
Norteamérica
9 m de longitud
Lambeosaurus tenía sobre la
cabeza dos estructuras óseas. Al frente,
poseía una cresta ósea rectangular y hueca
conectada a los orificios nasales, mediante la
cual emitía sonidos resonantes y graves.
Detrás de la cresta, presentaba una espina
ósea maciza orientada hacia atrás, que pudo
sostener un pliegue de piel entre ella y el
lomo. Estas espinas parecen haberlas poseído
sólo los machos, mientras que las crestas las
tenían tanto los machos como las hembras.

KRITOSAURUS

Cretácico, 75 m.a.
Norteamérica
8 m de longitud
Este hadrosaurio tenía un
rostro amplio, cabeza aplanada
y un peculiar reborde óseo en
el extremo del hocico, que
pudo formar parte de un
mecanismo para mejorar el
sentido del olfato. *Kritosaurus*
no tenía ninguna cresta en la
cabeza. Tras su pico
desdentado, embutidos en sus mandíbulas,
se disponían centenares de dientes
masticadores, que trituraban el alimento
vegetal antes de que el animal lo ingiriese.
Los dientes viejos y desgastados caían y eran
reemplazados por otros nuevos. *Kritosaurus*
fue probablemente un animal gregario, que
vivió en grupos grandes, y que recorría
largas distancias cada año. Algunos
científicos creen que *Kritosaurus* pudo
ser el mismo animal que
Hadrosaurus.

Kritosaurus

Hallazgos notorios de fósiles de hadrosaurios han ayudado a los científicos a conocer más sobre los dinosaurios con pico de pato que sobre ningún otro grupo de dinosaurios. Por ejemplo, el cuerpo de un *Edmontosaurus* "momificado" ha demostrado que los hadrosaurios tenían una piel rugosa y gruesa cubierta de un "pavimento" de pequeñas placas óseas superpuestas. Desgraciadamente, los fósiles no pueden desvelar el color que tuvo la piel.

TSINTAOSAURUS

Cretácico, 70 m.a.
Asia
10 m de longitud
Hadrosaurio de gran tamaño procedente de China, tenía entre los ojos una larga cresta craneal en forma de espina. Esta espina, que estaba hueca, medía hasta 1 m de longitud y estaba inclinada hacia delante. Una solapa o "bolsa" de piel, que hinchada como un fuelle le permitiría emitir diversos sonidos, pudo haberse extendido desde la espina hasta el hocico.

Tsintaosaurus

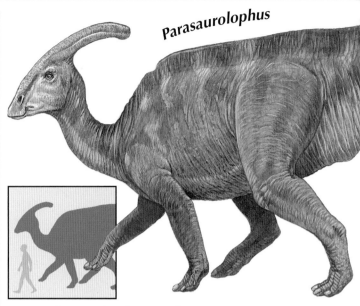

Parasaurolophus

PARASAUROLOPHUS

Cretácico, 75 m.a.
Norteamérica
10 m de longitud
Parasaurolophus fue uno de los hadrosaurios más sorprendentes. De su cabeza nacía una cresta ósea de hasta 1,8 m de longitud. Esta cresta era un tubo hueco de paredes delgadas, cuyo interior contenía una serie de conductos nasales tortuosos que comunicaban con la garganta del animal. *Parasaurolophus* podría haber generado un sonido grave insuflando aire en la cresta. Al inclinar la cabeza hacia atrás, el extremo de la cresta descansaba sobre una muesca del lomo.

PROSAUROLOPHUS

Cretácico, 75 m.a.
Norteamérica
15 m de longitud

Prosaurolophus fue uno de los hadrosaurios más grandes. Tenía un hocico amplio y un pico más pequeño y corto que el de otros miembros de la familia. En la cabeza, poseía una cresta que culminaba en una punta. *Prosaurolophus* se alimentaba probablemente de una mezcla de vegetación fibrosa (ramas, agujas y semillas de pino) y de partes vegetales más tiernas (hojas, tallos y frutos). Erguido sobre las patas traseras, podía alcanzar una gran altura. Pudo ser antepasado de *Saurolophus*.

BATERÍAS DENTALES

Los hadrosaurios tenían hasta 1.600 dientes embutidos en sus mandíbulas en estructuras conocidas como "baterías dentales". No había espacio entre los dientes, que estaban organizados en grupos de tres a lo largo de la mandíbula. Cada grupo daba lugar a una "familia dental". Los individuos jóvenes disponían de menos dientes que los adultos, y todos tenían dientes nuevos inmersos en la mandíbula para reemplazar a los viejos a medida que caían.

400 dientes por batería

Prosaurolophus

EDMONTOSAURUS

Cretácico, 65 m.a.
Norteamérica
13 m de longitud

Edmontosaurus tenía un amplio hocico picudo, mandíbulas alargadas dotadas de abazones y unos ojos de gran tamaño. La parte trasera de las mandíbulas albergaban un total de hasta 1.000 dientes diminutos. Vivía en grandes rebaños, que recorrían enormes distancias cada año. Cuando se alimentaba de vegetación baja, se desplazaba sobre las cuatro patas. En 1908, George Sternberg (1883-1969), un buscador de fósiles norteamericano, halló prácticamente intacto un ejemplar de *Edmontosaurus*, que conservaba la mayor parte de la piel. Éste fue el primer dinosaurio descubierto que conservaba restos no óseos, y es conocido como "la momia de dinosaurio".

Edmontosaurus

Durante muchos años, se pensó que algunos hadrosaurios eran animales acuáticos que vivían en el agua, empleando para respirar las crestas huecas de la cabeza a modo de tubos respiradores, pero esta idea ha sido descartada. Los científicos creen ahora que los dinosaurios con pico de pato eran animales terrestres, que caminaban sobre los cuartos traseros y mantenían la cola rígida erguida tras ellos.

Brachylophosaurus

BRACHYLOPHOSAURUS

Cretácico, 80 m.a.
Norteamérica
12 m de longitud
Brachylophosaurus tenía un pico de pato desdentado y centenares de pequeños molares reemplazables alojados en la parte trasera de la boca. Sin embargo, se diferenciaba de muchos otros por la forma de la cresta de su cabeza, que tenía la forma de un abultamiento óseo plano y bajo en el extremo del hocico. Este abultamiento no estaba hueco, era de hueso macizo y, por tanto, no pudo emplearlo para producir sonidos. *Brachylophosaurus* pudo enfrentarse hocico contra hocico con otro ejemplar de su especie, embistiendo o dando cabezadas a su oponente en luchas en las que se decidiría quién era el más fuerte.

ANATOTITAN

Cretácico, 65 m.a.
Norteamérica
12 m de longitud
Anatotitan era un hadrosaurio gregario de talla grande que vivía en bosques. Se alimentaba de una mezcla de plantas que incluía agujas de conífera, ramas pequeñas, semillas y plantas acuáticas. El hocico estaba rematado por un amplio pico desdentado, detrás del cual se encontraban centenares de molares embutidos en las mandíbulas. Los dientes estaban dispuestos en baterías dentales próximas a los abazones, donde el alimento se almacenaba temporalmente mientras el animal comía. La lengua removía la comida y la trasladaba de los abazones a los dientes. *Anatotitan* tenía una cola larga y puntiaguda, tres dedos ungulados en sus extremidades traseras y unos brazos cortos dotados de manos con palmas carnosas, con forma de mitón y blandas.

Anatotitan

Shantungosaurus

SHANTUNGOSAURUS

Cretácico, 75 m.a.

Asia

16 m de longitud

Shantungosaurus, un enorme hadrosaurio chino, es el más grande que se conoce y –con sus casi 7 toneladas– el más pesado. Era un animal de cabeza aplanada y sin cresta. Como todos los hadrosaurios, su pico no tenía dientes, pero sus mandíbulas albergaban unos 1.500 pequeños molares. Una gran abertura próxima a los orificios nasales pudo estar cubierta de una solapa o bolsa de piel, que hincharía para emitir sonidos.

CORYTHOSAURUS

Cretácico, 80 m.a.

Norteamérica

9 m de longitud

Corythosaurus tenía su rasgo más notable en lo alto de la cabeza: una gran cresta ósea semicircular, que recuerda a un casco aplanado. Al parecer, sólo los machos adultos tenían esta cresta completamente desarrollada; las de las hembras y los animales jóvenes debían de ser mucho más pequeñas. *Corythosaurus* era un animal gregario que vivía en los entornos pantanosos que bordeaban los límites de los bosques. En un entorno así, debió de desarrollar la capacidad de nadar, o al menos de vadear aguas profundas, abriéndose paso a través de los restos flotantes con las manos palmeadas.

Corythosaurus

CRESTAS CRANEALES

Las crías de hadrosaurio, como las de Corythosaurus, nacían sin cresta. A medida que se convertían en adultos, el cráneo se desarrollaba y daba lugar a la cresta. Ésta estaba hueca, y en su interior se encontraban los tortuosos conductos nasales que quizás empleaba para emitir sonidos o que mejoraban el olfato del animal.

Conductos nasales

MAIASAURA

Maiasaura es el hadrosaurio del que más datos se tienen. Su ciclo vital, desde el nacimiento hasta la muerte, se conoce gracias al descubrimiento de un nido con huevos y crías. Al parecer, este hadrosaurio fue un progenitor atento, de ahí su nombre, que significa "buena madre lagarto".

Nombre: Maiasaura
Vivió: hace 80 millones de años
Localización: Norteamérica
Longitud: 9 m
Dieta: plantas
Hábitat: bosques

PICO CÓRNEO

Maiasaura tenía un hocico amplio rematado por un pico recubierto de sustancia córnea, poseía abazones y sus mandíbulas albergaban numerosos dientes. La parte superior de la cabeza tenía un pequeño reborde óseo. Los brazos eran cortos, y las extremidades traseras y la cola, largas.

SEGURIDAD EN NÚMEROS

Maiasaura vivió en manadas de hasta 10.000 individuos. De alimentación herbívora, un adulto tenía que comer 90 kg diarios de vegetales para gozar de buena salud. En caso de ataque, el rebaño podía emprender una desenfrenada estampida para ponerse a salvo.

MIGRACIÓN EN GRUPO

El gran tamaño de las manadas exigía una búsqueda incesante de alimento. Los rebaños debieron migrar a lo largo de rutas estacionales más o menos fijas, desplazándose entre las zonas de pasto y las zonas de nidificación.

EN EL NIDO

Maiasaura no empollaba los huevos, sino que cubría el nido con plantas. Éstas al descomponerse desprendían el calor necesario para los huevos, que de este modo se desarrollaban en una especie de "incubadora". Las crías recién nacidas tenían unos 30 cm de longitud y recibían el alimento de sus padres. Hasta que no alcanzaban un tamaño de 1,5 m, no abandonaban el nido. A la edad de un año, un joven *Maiasaura* tenía 2,5 m de longitud, cinco veces menos que el tamaño de un adulto. Se desconoce el tiempo que permanecía junto a sus padres.

Varios Maiasaura se ocupan de los huevos y las crías en los nidos, que están separados entre sí la distancia equivalente a la longitud del cuerpo de un adulto. Los adultos permanecerán junto a los huevos hasta su eclosión. Cuando las crías hayan nacido, serán vulnerables a los depredadores.

NIDOS DE MAIASAURA

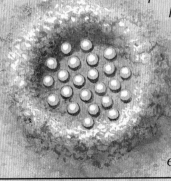

Maiasaura excavaba en el suelo un hueco de unos 2 m de diámetro con forma de cráter y en su interior colocaba vegetación para acolcharlo. Las hembras ponían hasta 25 huevos ovalados del tamaño de un pomelo, que colocaban en círculo y separados entre sí.

CAPÍTULO SEIS

PTEROSAURIOS

Los dinosaurios nunca volaron, porque ninguno tuvo alas. Sin embargo, otro grupo de reptiles dominó los cielos durante la Era de los dinosaurios: los pterosaurios, los "lagartos alados" (aunque, al igual que los dinosaurios, tampoco eran lagartos).

Los pterosaurios aparecieron poco después de los primeros dinosaurios, durante el Triásico medio, hace más de 225 millones de años, y evolucionaron rápidamente dando lugar a una amplísima gama de formas y tamaños. Pese a la diversidad, todos ellos compartían un mismo esqueleto básico y una estructura corporal similar.

ABUNDANTES Y DIVERSOS

Los pterosaurios poseyeron una amplia variedad de estilos de vida y alimentación. La mayoría de los restos fósiles encontrados corresponden a pterosaurios que vivían próximos a entornos acuáticos. Algunos eran expertos en atrapar los peces en ríos y lagos, otros realizaban vuelos rasantes sobre la superficie del mar para atrapar con sus picos a modo de cedazos a las diminutas criaturas

marinas animales y vegetales de las que se alimentaban. Otros cazaban en tierra firme insectos voladores, o eran carroñeros.

ALAS DE PIEL

Los miembros delanteros, o "brazos", de un pterosaurio se habían transformado en alas. La superficie de las alas era una lámina elástica y dura, conocida como membrana alar o patagio, que estaba formada por piel reforzada con fibras musculares elásticas. La membrana estaba fijada a cada lado del cuerpo, desde el hombro hasta la extremidad trasera.

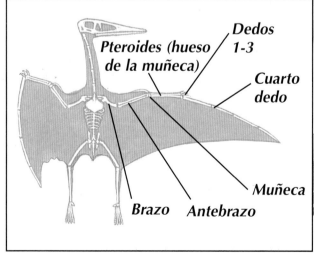

Pteroides (hueso de la muñeca)

Dedos 1-3

Cuarto dedo

Muñeca

Brazo   Antebrazo

Los huesos de los pterosaurios eran huecos y de paredes muy delgadas, para ahorrar peso.

Phobetor

DEDOS LARGOS

La membrana de las alas la tensaban y sostenían los huesos del brazo y la muñeca, que eran muy largos, y los huesos aún más largos del cuarto dedo, desarrollado extraordinariamente.

VOLAR SIN ESFUERZO

Algunos pterosaurios eran excelentes planeadores y podían remontarse a las alturas, sin esfuerzo, impulsados por las corrientes de aire. Las alas de estos pterosaurios eran largas y delgadas, como las alas de los albatros, con el fin de obtener la máxima sustentación de las corrientes de aire cálido ascendente y del viento que remontaba los acantilados y las colinas. Otros pterosaurios se especializaron en un vuelo más ágil y acrobático; sus alas eran cortas y amplias y estaban sostenidas por poderosos músculos alares que les permitían girar, revolotear y realizar picados en el aire, como los halcones actuales. Los fósiles conservados en buen estado muestran que el cuerpo de los pterosaurios estaba cubierto de un pelaje peculiar, que mantenía los músculos calientes y listos para reaccionar rápidamente, lo cual significa que probablemente eran animales de sangre caliente.

Batrachognathus

Sordes

Algunos pterosaurios tenían dientes afilados en sus mandíbulas y colas largas y colgantes; otros tenían colas muy cortas y carecían de dientes, como las aves.

BATIDA HACIA ARRIBA

El músculo deltoides (parte superior de la escápula) levanta el ala

El músculo pectoral abate el ala

BATIDA HACIA ABAJO

Grandes músculos pectorales hacían descender las alas e impulsaban al pterosaurio hacia arriba y adelante.

PTEROSAURIOS DEL TRIÁSICO

Los reptiles evolucionaron rápidamente durante el Período Triásico. Además de los propios dinosaurios, aparecieron otros grupos nuevos como los cocodrilos, las tortugas, los reptiles marinos y los pterosaurios. Los primeros pterosaurios se remontan a unos 230-225 millones de años atrás, pero incluso estos primeros tipos conocidos ya eran voladores diestros, con todas las principales características de los pterosaurios, incluidas unas alas plenamente desarrolladas. Es probable que existieran pterosaurios más primitivos, con características heredadas de sus ancestros, pero hasta el momento son "eslabones perdidos", ausentes de las colecciones de fósiles actuales.

PETEINOSAURUS

Triásico superior, 220 m.a.
Europa
60 cm de envergadura
Peteinosaurus es uno de los pterosaurios más antiguos descubiertos hasta ahora. Sus alas eran más cortas que las de muchos tipos posteriores, y el extremo de su larga cola acababa en un "remo" vertical, que empleaba como timón de dirección. Los huesos de la cola estaban reforzados con barras óseas.

Peteinosaurus vivió en las orillas del antiguo mar de Tetis, donde hoy se encuentran las estribaciones de los Alpes, en el norte de Italia. Era pequeño, del tamaño de una paloma, y la cabeza –del tamaño de un pulgar– tenía unas mandíbulas enormes con dos grandes colmillos frontales. Probablemente, descendía en picado desde un posadero para atrapar insectos, como las libélulas, en pleno vuelo.

Peteinosaurus

¿DE DÓNDE PROCEDEN LOS PTEROSAURIOS?

El origen de los pterosaurios permanece envuelto en el misterio, ya que son muy escasos los ejemplares fosilizados en buen estado encontrados hasta el momento. Sharovipteryx muestra el posible aspecto de aquellos primeros pterosaurios, pero vivió muy tarde, en el Triásico superior, cuando ya hacía mucho tiempo que los pterosaurios eran comunes. Era un planeador perteneciente al grupo de reptiles de los tecodontes, el mismo que pudo dar origen a los dinosaurios. Los restos han sido hallados en Kazajstán, en Asia. Sharovipteryx, de sólo 25 cm de longitud, tenía membranas de piel entre las patas traseras y la cola, y tal vez también, algo más pequeñas, entre los cortos brazos y el pecho.

PREONDACTYLUS

Triásico superior, 220 m.a.
Europa
45 cm de envergadura

"Dedo de Preone" recibió el nombre del valle de Preone, situado en el norte de Italia, lugar donde fueron descubiertos los huesos de sus dedos. *Preondactylus* es otro pterosaurio primitivo, del tamaño de un mirlo, alicorto, patilargo y dotado de una cola igualmente larga terminada a modo de "remo". Sus mandíbulas, estrechas y alargadas, contenían dientes afilados de diversos tamaños, lo que indica una dieta basada en insectos y peces. Los huesos fósiles de un ejemplar de *Preondactylus* se encontraron hechos una amalgama. Quizás, el pterosaurio cayó al agua y fue devorado por un pez grande, que regurgitó sus restos duros como una pelota.

Preondactylus

PTEROSAURIOS Y AVES

¿Eran aves los pterosaurios? No, los pterosaurios aparecieron 75 millones de años antes que las aves, y los antepasados de ambos son muy distintos. Las alas de un pterosaurio son muy diferentes a las de un ave, ya que están sostenidas por los huesos de los dedos y no por los huesos del brazo. Los pterosaurios no tenían plumas, que sí poseen las aves, y tenían huesos en la cola, de los que éstas carecen.

EUDIMORPHODON

Eudimorphodon vivió durante el Triásico superior, hace alrededor de 220 millones de años, en lo que ahora es el norte de Italia. Su nombre significa "diente dimorfo verdadero", debido a los dos tipos o formas de dientes que poseía: colmillos afilados en la parte frontal de las mandíbulas y dientes más pequeños, de tres o cinco cúspides, en la parte posterior. Las otras particularidades de *Eudimorphodon* –cola larga y cuello, alas y extremidades más cortas– son características del grupo al que pertenece, los ranforrincos. Éste fue el primer gran grupo de pterosaurios que apareció, y recibe su nombre de *Ramphorhynchus*, un pterosaurio más moderno (ver pág. 172).

PECES PARA CENAR

La dentadura afilada de *Eudimorphodon* indica que atrapaba presas escurridizas, probablemente peces. De hecho, en los restos fosilizados de un pterosaurio, se han encontrado escamas de pez conservadas donde estuvo el estomago en vida.

Eudimorphodon vivió probablemente en colonias a lo largo de la costa del antiguo mar de Tetis. Volaba a ras del agua, precipitándose y girando para ver a los peces oscuros que nadaban justo por debajo de la superficie. Su cráneo fósil tiene dos cuencas oculares grandes, lo que indica que seguramente tenía una buena visión. Las mandíbulas largas podían proyectarse hacia delante o agitarse lateralmente en movimientos veloces para atrapar a su presa, bien desde la misma superficie o después de zambullirse. No obstante, el cuello corto no debió de llegar a mucha profundidad y es más probable que se zambullera.

ZAMBULLIDA

La teoría de la zambullida afirma que Eudimorphodon *pescaba lanzándose en picado al agua y atrapando a los peces con el pico, del mismo modo que los alcatraces actuales. Este método requería un buen sentido de la vista, para ver bajo la superficie del agua, y músculos de vuelo muy robustos, que permitieran al pterosaurio emerger del agua y alzar de nuevo el vuelo.*

UN VOLADOR ÁGIL

Eudimorphodon era sin lugar a dudas un volador activo. El esternón era amplio y tenía un borde elevado, llamado quilla, que servía de punto de anclaje a los poderosos músculos de las alas. Los tres cortos dedos con garras situados a mitad de camino del extremo de las alas también eran robustos, quizás para trepar por un risco o un árbol durante una pausa entre vuelos. *Eudimorphodon* tenía una envergadura de 1 m y alcanzaba una longitud total de alrededor de 70 cm desde el extremo del hocico puntiagudo hasta el extremo de la cola, que estaba rematada con un "remo" de forma romboide.

Eudimorphodon tenía los dientes de forma diferente durante la época juvenil. Esta "dentición infantil" era más adecuada para atrapar insectos. Quizás, los más jóvenes permanecían en la orilla hasta que desarrollaban la fuerza y la destreza suficientes para zambullirse en el mar.

EL CRÁNEO DE EUDIMORPHODON

Tres pares de grandes aberturas reducían el peso del cráneo, que tenía 58 dientes en la mandíbula superior y 56 en la inferior.

Aberturas

Cuenca ocular

Orificio nasal

Nombre: Eudimorphodon
Vivió: *hace 220 m.a.*
Localización: *Europa*
Envergadura: *1 m*
Dieta: *peces, insectos*
Hábitat: *ríos, lagos*

Desde el inicio del Triásico, en lo que ahora es Europa, los pterosaurios prosperaron y se extendieron rápidamente a otras regiones. Durante el Jurásico comenzaron a aumentar de tamaño y a experimentar cambios corporales, especialmente en la cabeza y la cola, un proceso gradual en el que el grupo de los ranforrincos daría lugar al grupo de los pterodáctilos, tal y como muestran las páginas siguientes.

DORYGNATHUS

Jurásico inferior, 190 m.a.
Europa
1 m de envergadura
Dorygnathus vivió en el territorio de la actual Alemania. Los fósiles de este pterosaurio son bastante abundantes para tratarse de un animal que, como la mayoría de los pterosaurios, tenía huesos frágiles y delgados que se desmenuzaban con facilidad y raramente fosilizaban. Disponía de unos dientes extraordinarios: los cercanos a la parte frontal de las mandíbulas eran muy largos, curvados y afilados. Estos dientes apuntaban hacia delante y encajaban entre sí al cerrar la boca, formando una especie de pinza punzante que resultaba idónea para ensartar los peces. Los dientes más pequeños y delgados de la parte posterior de las mandíbulas aferraban con firmeza la escurridiza presa mientras *Dorygnathus* volaba de regreso a su rama para darse el festín. Las propias mandíbulas formaban una punta afilada y desdentada en el extremo, rasgo que dio al pterosaurio su nombre, que significa "mandíbula-lanza".

Dorygnathus

PTEROSAURIO: CABEZAS...

Los primeros ranforrincos, como el mismo Rhamphorhynchus, *tenían una cabeza relativamente corta y adelantada, que remataba un cuello grueso y corto, y unas mandíbulas puntiagudas de dientes afilados. Los pterodáctilos posteriores, como* Tropeognathus *tenían una cabeza equilibrada que formaba un ángulo con el alargado cuello, un pico largo desdentado o con pocos dientes y frecuentemente una cresta.*

SCAPHOGNATHUS

Jurásico superior, 150 m.a.

Europa

90 cm de envergadura

Scaphognathus tenía una cabeza corta y un hocico romo y bastante redondeado, que le dio el nombre de "mandíbula redonda". Tenía unos 18 dientes afilados, erectos y largos en la mandíbula superior y 10 en la inferior. *Scaphognahtus* fue uno de los primeros pterosaurios del que se descubrieron restos fósiles, en 1831. El estudio de su esqueleto, el modo en que se formó y se endureció, ha permitido saber que los jóvenes pterosaurios crecían rápidamente hasta alcanzar el tamaño adulto, momento en que cesaba su crecimiento. Éste es el modo en que se desarrollan las aves actuales, a diferencia de la mayoría de los reptiles, que continúan creciendo lentamente toda su vida (aunque en una proporción decreciente). Los cráneos fósiles de *Scaphognathus* demuestran que los pterosaurios tenían cerebros notablemente grandes para su tamaño, pareciéndose de nuevo más a las aves que a los reptiles.

Scaphognathus

...Y COLAS

Los ranforrincos tenían una cola delgada y alargada, con varillas óseas y tendones para evitar su inclinación, excepto cerca de la base. Habitualmente, la cola culminaba en una aleta erecta o una paleta de piel rígida. Los pterodáctilos tenían una cola muy corta, normalmente unas cuantas vértebras caudales delgadas que sostenían unos pequeños pliegues cutáneos unidos a las piernas.

Ranforrinco

Pterodáctilo

DIMORPHODON

Dimorphodon, uno de los primeros pterosaurios del Jurásico, vivió hace alrededor de 205 millones de años en lo que hoy es el sur de Inglaterra. Tenía los rasgos característicos del grupo de los ranforrincos: cabeza grande, incisivos afilados y cola larga y rígida. Su longitud total alcanzaba 1 m, del que 20 cm correspondían a la cabeza, y la envergadura de sus alas rondaba los 1,5 m.

UNA CABEZA LIVIANA

La cabeza de *Dimorphodon* parece grande y pesada, con su hocico largo y estrecho. Sin embargo, el interior del cráneo estaba formado en su mayor parte por varillas óseas en lugar de grandes láminas, lo que reducía notablemente su peso. Los tres dedos de cada ala de *Dimorphodon* eran robustos y curvados, dotados de garras afiladas, que le permitían trepar por las rocas y los árboles. Como tantos otros pterosaurios, probablemente habitó en las zonas costeras.

¿VOLANDO O A PIE?

Dimorphodon fue sin duda un depredador, y posiblemente dio caza a gran multitud de víctimas, como peces, insectos, lagartos, gusanos y otras pequeñas criaturas. Tenía cuatro pares de grandes dientes en forma de clavija en la parte frontal de las mandíbulas y numerosos dientes más pequeños tras ellos. A esta variedad de dientes debe su nombre, que significa "dientes de dos formas". No se sabe si *Dimorphodon* atrapaba a sus presas mientras volaba o en el suelo, donde se desplazaba a cuatro patas.

El "pico" de *Dimorphodon* era amplio en sentido vertical, pero angosto en el horizontal. Pudo lucir colores llamativos para actuar como reclamo visual, quizás en el momento del cortejo o a la hora de defender su territorio, del mismo modo que algunas aves modernas como los calaos y los frailecillos.

EL PTEROSAURIO ANDANTE

Dimorphodon, *a diferencia de la mayoría de los pterosaurios, tenía extremidades bien desarrolladas y muy robustas. Ello le debió de permitir erguirse apoyando dos patas para caminar erecto sobre ellas o también inclinarse hacia delante y emplear los dedos de las alas como pies delanteros para correr velozmente a cuatro patas.*

PATAS Y DEDOS

El estudio de la pelvis, las extremidades traseras y los pies de *Dimorphodon* demuestran que pudo ser capaz de caminar como un ave actual, manteniéndose erguido y balanceándose sobre los pies. Éste es también el modo en que se movían muchos dinosaurios. *Dimorphodon* tenía cinco dedos en cada pie, todos con garras salvo el quinto, el dedo "meñique". Éste último dedo estaba colocado de lado o hacia atrás, posiblemente para mejorar el equilibrio de *Dimorphodon* cuando permanecía de pie o corría. Otros pterosaurios tenían extremidades traseras menos robustas, que se abrían hacia los lados, y que probablemente sólo podían arrastrar reptando.

UN ELEGANTE PLANEADOR

Las alas amplias y curvadas hacia atrás y la larga cola de Dimorphodon le daban una silueta equilibrada apta para planear plácidamente, de forma estable y controlada.

Nombre: Dimorphodon
Vivió: *hace 205 millones de años*
Localización: *Europa*
Envergadura: *1,4 m*
Dieta: *peces*
Hábitat: *acantilados marinos*

Dimorphodon extendía las alas, se aferraba con las garras de los pies y, haciendo uso de sus robustas patas, se lanzaba al aire de un salto para alejarse planeando, impulsado por la brisa marina.

Rhamphorhynchus es un pterosaurio bien conocido a raíz de los numerosos fósiles hallados en los alrededores de Oxford, Inglaterra, en la región de Solnhofen, Alemania, y en Tanzania, África. *Rhamphorhynchus* da su nombre al grupo de pterosaurios de cola larga, conocidos como ranforrincoideos. Varias especies de *Rhamphorhynchus* de diferentes tamaños sobrevivieron durante más de 30 millones de años.

Rhamphorhynchus

ALAS DE PIEL ROBUSTA

Las alas de un pterosaurio dan la impresión de ser frágiles láminas de piel delgada. Sin embargo, su interior albergaba unas fibras, fibrillas de actina, que reforzaban el ala y evitaban la extensión de los desgarros. Estas fibras han quedado maravillosamente conservadas en algunos fósiles de Rhamphorhynchus.

RHAMPHORHYNCHUS

Jurásico superior, 150 m.a.
Europa, África
Hasta 2 m de envergadura

El nombre de este pterosaurio significa "hocico picudo" y hace referencia a su pico puntiagudo, largo y estrecho, dotado de dientes afilados que sobresalían por sus márgenes en ángulo. Este pico resultaba ideal para ensartar y atrapar peces resbaladizos y coleantes. La cabeza tenía unos 20 cm de longitud, y la cola, alrededor de un metro. Probablemente *Rhamphorhynchus* atrapaba los peces sumergiendo el pico en la superficie del agua mientras volaba; el pico se cerraría de forma instantánea tan pronto como un pez rozase su sensible boca.

HUESOS HUECOS

El esqueleto del pterosaurio era ligero con el fin de ahorrar peso y facilitar el vuelo. La mayoría de los huesos estaban huecos, y sus paredes eran tan delgadas como el papel. Pese a ello, el espacio interior no estaba completamente vacío, sino que contenía un entramado interno de delgadas varillas de hueso. Esta estructura aumentaba extraordinariamente la resistencia y la firmeza del hueso, a pesar de su reducido peso.

VOLADORES ÁGILES

Hace algunos años, los paleontólogos pensaban que los pterosaurios eran voladores torpes, poco más que criaturas planeadoras de alas débiles y endebles. Pero en la actualidad, la mayoría de los expertos cree que, en general, los pterosaurios eran voladores robustos y capaces. El esternón era grande y estaba dotado de una quilla (reborde), que permitía el anclaje de los poderosos músculos pectorales que impulsaban las alas. Sin embargo, y como en las aves actuales, la capacidad de vuelo de los pterosaurios era muy desigual: mientras que algunos eran voladores veloces y ágiles, otros se limitaban a planear impulsados por el viento.

Batrachognathus

Varilla ósea

BATRACHOGNATHUS

Jurásico superior, 150 m.a.
Asia (Kazajstán)
50 cm de envergadura

Sólo se conocen dos ejemplares de este pterosaurio, conservados en rocas que en su día fueron el fondo de un lago. El nombre, "mandíbula de rana", describe la cabeza escueta y la boca amplia del animal. Los dientes tenían forma de clavija y resultaban idóneos para atrapar insectos –en las mismas rocas, se han encontrado fósiles de libélulas, abejas, avispas, cigarras, fríganos y efímeras–. *Batrachognathus* debió de ser un volador muy ágil, dotado de una visión aguda. Aunque pertenece al grupo de los ranforrincos, pudo tener la cola corta, más semejante a la de un pterosaurio del grupo de los pterodáctilos.

Los pterodáctilos fueron el segundo gran grupo de pterosaurios. Sus fósiles aparecen de forma repentina en las rocas del Jurásico superior, cuando el primer grupo, el de los ranforrincos, comienza a declinar. Presumiblemente, el primer grupo dio lugar a este segundo grupo, pero no se sabe con certeza, porque existe un vacío en el registro fósil. Sólo los pterodáctilos sobrevivieron durante el período siguiente, el Cretácico.

GERMANODACTYLUS

Jurásico superior, 150 millones de años
Europa
1,35 m de envergadura

"Dedo alemán" tenía la cola corta y la cresta en la cabeza típicas de los pterodáctilos. La cresta ósea, que era poco elevada, iba desde la parte trasera de la cabeza hasta la mitad del pico y estaba recubierta de sustancia córnea. *Germanodactylus* pudo permanecer colgado de los pies, como un murciélago.

También muestra otro cambio gradual típico del grupo de los pterodáctilos: un pico largo y estrecho con pocos dientes o desdentado. Una posible explicación es que los dientes son pesados y dificultan el vuelo (las aves no tienen). *Germanodactylus* tenía algunos dientes cortos en forma de clavija, pero la parte frontal del pico carecía de ellos y estaba rematada por un extremo córneo.

Germanodactylus

REFORZADO PARA VOLAR

Los huesos del pecho, los hombros y los brazos de un pterosaurio estaban preparados para soportar los esfuerzos del vuelo. El coracoides (espoleta) en forma de "V" apuntalaba el esternón contra la escápula para soportar la tracción de los principales músculos de vuelo.

BATIDA HACIA ABAJO

Coracoides

Esternón

BATIDA HACIA ARRIBA

Escápula

Brazo

CUERPOS PELUDOS

Varios fósiles muy bien conservados muestran que la piel de los pterosaurios estaba cubierta de diminutos orificios, del tamaño de la cabeza de un alfiler, de los que crecían pelos cortos. Este vello era tupido en la cabeza y el cuerpo y muy escaso o inexistente en las alas y las membranas interdigitales de los pies y la cola. Seguramente, los pterosaurios estaban cubiertos de pelo para mantener calientes los músculos de vuelo y el cerebro de gran tamaño y que, de este modo, funcionasen con mayor eficacia, al igual que las aves y los mamíferos actuales. Esto plantea una pregunta interesante: si los pterosaurios no eran animales de sangre fría y no tenían escamas, ¿pueden considerarse reptiles?

Gallodactylus

GALLODACTYLUS

Jurásico superior
150 m.a.
Europa
1 m de envergadura
Gallodactylus, de aspecto similar a *Pterodactylus*, recibió el nombre de "dedo galo" porque los primeros fósiles fueron descubiertos en Francia. Fue uno de los primeros pterosaurios con una cresta desplazada hacia la parte trasera de la cabeza. La cresta era corta y cónica. Es posible que las crestas de los pterodáctilos tuvieran la función de equilibrar y servir como timón, reemplazando a la cola larga de la que carecían.

Gallodactylus tenía un pico estrecho y largo y colmillos inclinados hacia delante, afilados y delgados en la parte frontal. Estos colmillos funcionaban como un tenedor, que ensartaba a las presas y las sacaba de la superficie del agua. La parte trasera de la boca carecía de dientes.

Al final del Jurásico, hace unos 150 ó 140 millones de años, los dos grupos principales de reptiles voladores coexistían, pero los ranforrincos de cola larga se hallaban en declive y eran reemplazados por los pterodáctilos de cola corta. Aquí se muestran dos de las especies más interesantes. Sus fósiles han aportado indicios valiosos sobre el estilo de vida de estos dos grupos.

SORDES

Jurásico superior, 150 m.a.
Asia (Kazajstán)
60 cm de envergadura

El nombre completo de este pterosaurio, *Sordes pilosus*, significa "diablo peludo". El primer fósil descubierto, en la década de 1960, fue un esqueleto casi completo con huellas de partes corporales blandas –incluida una densa capa de pelo largo sobre la cabeza y el cuerpo, y algo más delgada sobre las alas (pero no sobre la cola)–. *Sordes* fue un pterosaurio diminuto del grupo de los ranforrincos, dotado de alas cortas y anchas. Un pliegue adicional de membrana alar cubría el espacio entre las dos extremidades traseras y se extendía hasta los tobillos, dejando la cola libre. Como otros pterosaurios, *Sordes* probablemente plegaba las cuatro largas falanges hacia atrás cuando permanecía en el suelo. La membrana alar, tensa y elástica, se plegaba o encogía hasta formar una banda estrecha.

DESPEGAR HACIA ABAJO...

La forma de la pelvis, las extremidades y los pies indican que la mayoría de los pterosaurios pasaban muy poco tiempo en el suelo. Posiblemente, descansarían posados en los árboles o en las cornisas rocosas, colgados de los dedos o de las garras de los pies. Para alzar el vuelo, se impulsarían con las manos y los pies mientras se dejaban ir y giraban sobre sí mismos para alejarse de la superficie. A continuación, abrirían las alas para detener su caída y remontar el vuelo.

Sordes

Anurognathus

ANUROGNATHUS

Jurásico superior, 150 millones de años
Europa (Alemania)
50 cm de envergadura

Conocido por un único espécimen, hallado en Solnhofen, "mandíbula sin cola" tenía la cola más corta del grupo de los pterodáctilos, de aspecto similar al muñón carnoso de la cola de un pájaro llamado obispillo. Era pequeño y delgado, con el cuerpo del tamaño de un dedo humano, y estaba dotado de alas largas y delgadas. Su diminuto cráneo, de sólo 3 cm de longitud, estaba formado por varillas óseas, en lugar de las habituales placas de hueso, para lograr una ligereza extrema. La cabeza corta y ancha tenía una boca amplia, similar a la de una rana, con dientes del tamaño de un alfiler, lo que indica una dieta basada en insectos, que debía de atrapar al vuelo, como las golondrinas y los vencejos actuales.

... O DESPEGAR HACIA ARRIBA

Con buen viento, probablemente un pterosaurio se alzaría sobre las patas, abriría las alas encarándolas al viento y saltaría o brincaría mientras aleteaba para levantar el vuelo. El despegue en condiciones de calma o desde el agua debió de ser más difícil. Algunos pterosaurios podrían haberse lanzado al aire desde la cresta de una ola o bien tomado carrerilla sobre el agua con los pies palmeados.

PTERODACTYLUS

Los pterosaurios son llamados en ocasiones "pterodáctilos", pero éste es el nombre de sólo un grupo de ellos y, en concreto, el del propio *Pterodactylus*. En realidad, existieron varias especies de *Pterodactylus*, que poblaron diferentes regiones, desde hace más de 160 millones de años hasta alrededor de 145 millones de años atrás.

MÚLTIPLES TAMAÑOS

Las distintas especies de *Pterodactylus* tenían tamaños diversos, desde tan pequeños como un mirlo –con alas de menos de 30 cm– hasta gigantes con una envergadura de alas de más de 2,5 m –tan grandes como los buitres o los cóndores actuales–. Se han hallado fósiles de pterodáctilos en varias regiones de Europa, incluidas Alemania, Francia e Inglaterra, así como en Tanzania, África.

RASGOS FUTUROS

Pterodactylus muestra la evolución de los pterosaurios. Tenía una cola muy corta y un cuello alargado, que se unía al cráneo por la base y no por la parte posterior de éste. Los huesos del cráneo se hicieron más delgados y ligeros, con aberturas más grandes, que permitían reducir el peso. Algunos fósiles bien conservados muestran membranas alares fijadas a las extremidades superiores y a la parte superior de las inferiores. La membrana caudal situada entre los miembros traseros desapareció o se redujo al mínimo. Sin embargo, *Pterodactylus* tenía unas pequeñas solapas adicionales en la parte delantera de las alas, entre la muñeca y el hombro. Esta parte recibe el nombre de propatagio y estaba sostenida por uno de los huesos de la muñeca, el pteroides, que estaba inclinado hacia delante y hacia el interior.

PICOS Y DIENTES

Las distintas especies de Pterodactylus *tenían picos ligeramente distintos. Algunos tenían dientes espaciados de forma uniforme, que disminuían de tamaño hacia la parte posterior del pico. Otros tenían la mayor parte de los dientes en la parte frontal y una zona desdentada en la parte trasera.*

Nombre: Pterodactylus
Vivió: *hace 145 millones de años*
Localización: *Europa*
Envergadura: *36-250 cm*
Dieta: *peces, insectos*
Hábitat: *ríos, lagos*

ALAS GRANDES Y PEQUEÑAS

Las alas de *Pterodactylus*, "dedo alado", eran muy largas y estrechas. Esto se debía a los metacarpianos (huesos de la mano), que cerca de las garras alares se habían alargado. Existe el valioso fósil de una cría, probablemente de apenas unas semanas de edad, con alas de 18 cm de envergadura y un cuerpo inferior a 2 cm de longitud: pese a su diminuto tamaño, esta criatura podía volar.

Los dedos del pterosaurio sólo le permitían caminar y correr con torpeza, pero resultaban ideales para trepar y colgarse de troncos, ramas y salientes rocosos. Pterodactylus *quizás se reunía en colonias ruidosas y dormía colgado cabeza abajo con las alas plegadas sobre el cuerpo, como los murciélagos actuales.*

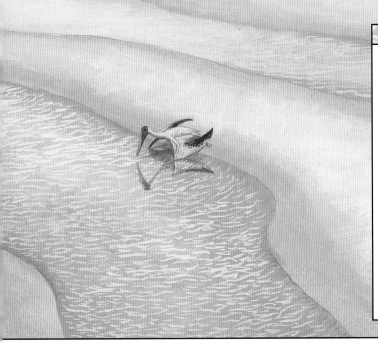

¿ALIMENTO PARA LAS CRÍAS?

Los Pterodactylus *jóvenes podían volar, pero eran demasiado débiles para atrapar presas, y quizás eran sus padres los que les proporcionaban el alimento. El adulto podía regurgitar, o "vomitar", el alimento ingerido. Un espécimen de* Pterodactylus *posee una bolsa gutural colgante, que podría haber empleado para traer comida a su prole.*

Los pterosaurios de cola larga (ranforrincos) no sobrevivieron en el Cretácico. Sin embargo, los pterodáctilos de cola corta evolucionaron rápidamente y se extendieron por todos los continentes. Al parecer, la mayoría de ellos continuaron viviendo en las zonas costeras, ya que sus picos y dientes muestran que se alimentaban de peces, moluscos y alimentos similares. No obstante, otros se desplazaron hacia el interior de los continentes, adoptando un estilo de vida carroñero, como los buitres actuales.

ORNITHODESMUS

Cretácico inferior, 130 m.a.
Europa (Inglaterra)
5 m de envergadura
Ornithodesmus es uno de los primeros pterosaurios realmente grandes. La pelvis fósil del "pájaro cinta" fue descubierta hace mucho tiempo, durante la década de 1880, y al principio se pensó que pertenecía a un ave prehistórica. El pico de

Ornithodesmus

Ornithodesmus era amplio y tenía forma de espátula, lo que le valió el sobrenombre de pterosaurio "pico de pato". Tanto la parte inferior como la superior tenían dientes afilados y cortos que encajaban entre sí al cerrar el pico, una dentición que resultaba ideal para arponear y atrapar peces. El pico y los dientes de *Ornithodesmus* eran muy distintos a los dientes puntiagudos, estrechos y alargados de otros pterosaurios, de modo que debió de atrapar su alimento con un método peculiar, que se desconoce.

UN PICO VERSÁTIL

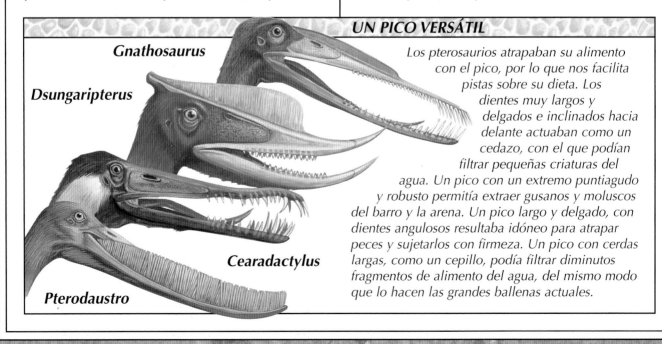

Gnathosaurus

Dsungaripterus

Cearadactylus

Pterodaustro

Los pterosaurios atrapaban su alimento con el pico, por lo que nos facilita pistas sobre su dieta. Los dientes muy largos y delgados e inclinados hacia delante actuaban como un cedazo, con el que podían filtrar pequeñas criaturas del agua. Un pico con un extremo puntiagudo y robusto permitía extraer gusanos y moluscos del barro y la arena. Un pico largo y delgado, con dientes angulosos resultaba idóneo para atrapar peces y sujetarlos con firmeza. Un pico con cerdas largas, como un cepillo, podía filtrar diminutos fragmentos de alimento del agua, del mismo modo que lo hacen las grandes ballenas actuales.

¿DÓNDE VIVIERON LOS PTEROSAURIOS?

Los fósiles demuestran que la mayoría de los pterosaurios vivieron cerca del agua, en las orillas de mares, lagos, ríos y pantanos. Los peces eran su alimento principal, y algunos necesitaban vientos fuertes para despegar y planear. Pudo haber también pterosaurios que vivieran en otros entornos, como bosques y desiertos, pero existen muy pocos indicios fósiles que lo confirmen.

Cearadactylus

CEARADACTYLUS

Cretácico inferior y medio, 115 m.a.
Sudamérica (Brasil)
5 m de envergadura

"Dedo de Ceará" recibe este nombre de la región del noreste de Brasil donde fueron descubiertos sus restos fósiles, a mediados de la década de 1980. *Cearadactylus* tenía una cabeza grande y poderosa, de casi 60 cm de longitud, y vivió hace 110-120 millones de años. Sus robustos dientes, que sobresalían en ángulo y eran mucho más largos en la parte frontal, recuerdan a los de un cocodrilo actual llamado gavial, un experto pescador. Probablemente *Cearadactylus* también lo fue y debía de emplear su pico para pescar al arrastre en las aguas poco profundas de los lagos. Una vez capturada la presa debía de volar hasta un islote rocoso, donde la devoraba. Hasta el momento no se ha hallado más que el cráneo de este pterosaurio, el resto son conjeturas.

PTEROSAURIOS ESPECIALIZADOS DEL CRETÁCICO

Los peces no son los únicos animales que pueblan el mar. También hay moluscos, gusanos, medusas, gambas y las diminutas criaturas animales y vegetales del plancton que viven a la deriva. Durante el período Cretácico, los pterosaurios se alimentaron de algunas de estas criaturas.

PTERODAUSTRO

Cretácico inferior, 140 m.a.
Sudamérica (Argentina, Chile)
1,3 m de envergadura

Apodado el pterosaurio-flamenco, *Pterodaustro* fue uno de los miembros más peculiares del grupo. Su cabeza medía 23 cm de longitud y era muy estrecha, con un pico curvado en su extremo. La mandíbula inferior tenía alrededor de un millar de cerdas largas y elásticas, idóneas para "barrer" diminutos fragmentos de alimento del agua. Estas cerdas se complementaban con los pequeñísimos dientes en forma de clavija de la mandíbula superior. *Pterodaustro* quizás permanecía de pie en aguas poco profundas con el pico sumergido y agitando la cabeza de lado a lado, como un flamenco, para filtrar el agua y obtener así su alimento. También pudo volar a ras del agua e introducir la mandíbula inferior a modo de cedazo para atrapar la comida.

Pterodaustro

GUARDERÍAS DE PTEROSAURIOS

Los pterosaurios –al igual que los dinosaurios, la mayoría de los reptiles actuales y las aves– probablemente ponían huevos. Una hembra con crías en su interior hubiera sido muy pesada y habría tenido muchas dificultades para volar, alimentarse y huir de los depredadores. Sin embargo, hasta el momento no se han encontrado huevos fósiles de los que se pueda pensar que han sido puestos por pterosaurios.

Muchas aves marinas actuales anidan en grupos o colonias ruidosas a lo largo de las costas o en islas oceánicas, de ese modo el conjunto les aporta seguridad. Los pterosaurios no eran aves, pero pudieron tener un modo de vida similar. Quizás también anidaron en colonias remotas, sobre acantilados, riscos e islotes alejados de tierra firme, donde alimentaban a sus pequeñas crías a salvo de depredadores como los dinosaurios.

DSUNGARIPTERUS

Jurásico superior y Cretácico inferior, 145 m.a.
Asia (China)

3 m de envergadura

Dsungaripterus

"Ala de Junggar" recibe su nombre del lugar de China donde se hallaron sus restos, aunque también pudo haber vivido durante el Jurásico superior en África. Era un pterosaurio de talla considerable, con la cabeza y el cuello del tamaño de un brazo humano. La parte delantera del pico –curvada hacia arriba, sin dientes y puntiaguda– tenía el aspecto de unas grandes pinzas. Más atrás, poseía dientes redondeados y romos. Asimismo, a partir de la mitad de la parte superior del pico presentaba una cresta ósea que discurría entre los ojos, situados en una posición elevada, y sobresalía por detrás de la cabeza.

Dsungaripterus probablemente introducía el extremo puntiagudo del pico en la arena, el lodo o las grietas de las rocas para sacar gusanos y moluscos ocultos, a los que trituraba con sus dientes redondeados.

A medida que el Cretácico transcurría, los pterosaurios se extendieron hasta abarcar todo el globo y también se incrementó la gama de sus tamaños. Algunos eran pequeños como gorriones y otros evolucionaron hasta convertirse en criaturas gigantescas, mayores que cualquier ave conocida.

ANHANGUERA

Cretácico inferior y medio, 120 m.a.
Sudamérica
4 m de longitud

"Diablo viejo" es el nombre local de la región brasileña donde fueron encontrados los fósiles de este pterosaurio, uno de los mejor conocidos del Cretácico inferior y medio. El cráneo, angosto y de 50 cm de longitud, tenía un pico dentado. Gran parte del pico estaba cubierta por dientes puntiagudos y cortos, mientras que los de la parte frontal eran algo más largos. El cuello, muy flexible, le permitía atrapar presas cercanas a la superficie del agua. La cadera y las extremidades poco robustas indican que caminaba con torpeza. Al igual que muchos otros pterosaurios del Cretácico, *Anhanguera* tenía una cresta ósea –en este caso, redondeada como el borde de un plato, en la mitad superior y en la mitad inferior de la parte delantera del pico–.

GIRAR Y TRAGAR

Las mandíbulas del pterosaurio podían abrirse ampliamente y las dos mitades de la mandíbula inferior se separaban lateralmente para aumentar la abertura de la bolsa gular y el cuello. El pterosaurio volteaba probablemente a su presa para tragarla entera y cabeza abajo, ya que no tenía dientes para masticar.

En los fósiles descubiertos aparecen dos tamaños de cresta distintos, que podrían corresponder a dos especies diferentes de *Anhanguera*, o bien a machos y hembras de una misma especie. En este último caso, las crestas pudieron ser útiles a la hora de escoger pareja durante la época de apareamiento (ver página siguiente).

Anhanguera

LOS PTEROSAURIOS Y EL CLIMA

Durante el Cretácico, los continentes se separaron y el clima se hizo más frío, seco y variado con las distintas estaciones del año. Si los pterosaurios fueron animales de sangre caliente, podrían haberse adaptado muy bien a estos cambios, siempre y cuando tuvieran suficiente alimento para "quemar" y mantener el calor corporal.

ORNITHOCHEIRUS

Cretácico inferior y medio, 120 m.a.
Mundialmente, en la mayoría de los continentes
Posiblemente hasta 12 m de envergadura

No se conocen especímenes fósiles completos de *Ornitocheirus*, "mano de ave", tan sólo algunos huesos sueltos y fragmentos dispersos. Pese a ello, los paleontólogos han logrado reunir información de este gran volador que vivió hace 125-110 millones de años. El cuerpo y la cabeza de esta criatura tenían una longitud de 3,5 m, de los que 1,5 correspondían al pico y al cráneo. ¡Erguido sobre sus cuatro patas y con la cabeza estirada debió de alcanzar los 3 m de altura!

Ornitocheirus es uno de los pocos pterosaurios cretácicos que se conocen en la patria original del grupo, Europa. Probablemente, planeó sobre los océanos en busca de peces y calamares a los que atrapar desde la superficie.

Ornithocheirus

185

EL AUGE DE LOS PTEROSAURIOS

Los pterosaurios, al igual que las aves y los murciélagos actuales, dependían casi por entero de sus alas. Las necesitaban para volar y cazar y, si no obtenían alimento, lógicamente morían de hambre. En tierra, el pterosaurio debía tener mucho cuidado y proteger sus enormes y delicadas alas, manteniéndolas plegadas y resguardadas, evitando cualquier obstáculo que pudiera dañarlas o rasgarlas.

Al igual que un mamífero, el pterosaurio debía de peinar y acicalar el pelo de su cuerpo y el vello de las alas, para mantenerlos limpios y libres de enredos, suciedad y fragmentos de algas. Para esta labor, es probable que empleara los dientes (si es que los tenía), el extremo del pico y las garras de los dedos.

EL PRIMER PTEROSAURIO FÓSIL

El primer pterosaurio fósil fue descubierto en 1784 en las rocas calcáreas de Solnhofen, Baviera, Alemania. En un principio, se creyó que era una criatura marina anfibia de un grupo desconocido. En 1801, el insigne zoólogo y paleontólogo francés Georges Cuvier afirmó que era un reptil volador y dio a su grupo un nombre nuevo, pterodáctilos, "alas con dedos".

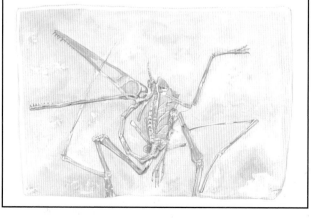

Tropeognathus

TROPEOGNATHUS
Cretácico inferior, 120 m.a.
Sudamérica
6 m de envergadura

Hallado en Brasil, *Tropeognathus* es uno de los pterosaurios más peculiares. Recibe el nombre de "mandíbula con quilla" por las crestas a modo de reborde de su estrecho pico. El tamaño de la cresta podría haber diferenciado a hembras y machos (ver página anterior). Otra posible función de esta cresta, quizás simultánea a la anterior, habría sido la de guiar, estabilizar el pico y evitar sacudidas laterales repentinas dentro del agua cuando *Tropeognathus*, en un vuelo rasante, lo sumergiera para capturar su comida. La quilla de los yates cumple la misma función.

LAS CRESTAS DE LOS PTEROSAURIOS

Pteranodon ingens

Tapejara

Nyctosaurus

Germanodactylus

¿Por qué los pterosaurios del Cretácico tuvieron esas sorprendentes crestas? Existen varias hipótesis al respecto. Quizás machos y hembras tuvieron tamaños distintos o, esas diferencias, distinguían a especies muy similares y permitían elegir una pareja de cría adecuada, finalidad para la cual también podrían haber estado coloreadas de forma llamativa. Una cresta larga e inclinada hacia atrás pudo equilibrar el peso del pico, a fin de reducir el esfuerzo. Una cresta plana, con forma de plato, podría actuar como estabilizador y timón de vuelo.

PTERANODON

Cretácico superior 85 m.a.
Europa, Norteamérica, Asia
8 m de envergadura

Pteranodon

En claro contraste con el cuerpo corto y la cola apenas visible, sus alas tenían una de las mayores envergaduras conocidas entre los pterosaurios. De hecho, sus proporciones corporales recuerdan mucho a las del albatros actual. A pesar de superar dos veces el tamaño de cualquier ave viviente, pesaba menos de 18 kg. *Pteranodon* poseía dos características típicas de los miembros del Cretácico superior de su grupo: la ausencia total de dientes y una cresta craneal muy grande. Probablemente, vivió cerca de los acantilados y emprendía el vuelo sin ayuda alguna, para planear remontado por la brisa marina y capturar peces y calamares con ayuda de su largo pico.

QUETZALCOATLUS

El Cretácico superior, entre 70 y 65 millones de años atrás, conoció uno de los animales más extraordinarios de todos los tiempos, el pterosaurio gigante *Quetzalcoatlus*. Los fósiles de esta bestia enorme se han hallado en la frontera entre Texas, EE.UU., y México. A pesar de su tamaño, *Quetzalcoatlus* fue el último de su grupo; la misma catástrofe que aniquiló a los dinosaurios acabó también con los pterosaurios. Ninguna criatura como él ha surcado los cielos desde entonces.

¿EMITÍAN SONIDOS?

A grandes rasgos, el estilo de vida de los pterosaurios fue similar al de algunas aves marinas. ¿Podemos pensar entonces que chillaban y graznaban ruidosamente igual que las gaviotas y otras aves modernas?

EL GIGANTE ALADO

Se han hallado fósiles de varias especies de *Quetzalcoatlus*, aunque también podría tratarse de individuos jóvenes. Sin embargo, los fósiles encontrados son en su gran mayoría fragmentos, de modo que resulta difícil conocer con certeza su tamaño. Las estimaciones de su envergadura hablan de entre 11 y 15 metros y las de su peso de entre 70 y 135 kg. La cabeza, con más de 2 m de longitud, era más grande que el cuerpo de un hombre, y lo mismo puede decirse de las extremidades. El inmenso cuello alcanzaba casi 3 m de longitud.

Nombre: Quetzalcoatlus
Vivió: hace 70 millones de años
Localización: Norteamérica
Envergadura: 11 m
Dieta: moluscos, cangrejos y carroña
Hábitat: ríos del interior

PELO SUAVE

El nombre *Quetzalcoatlus* significa "serpiente emplumada" y proviene del nombre de un dios del antiguo pueblo azteca de México. (Aunque, por lo que se sabe hasta hoy, *Quetzalcoatlus* no tenía plumas). A diferencia de los de otros muchos pterosaurios, los fósiles de esta gran criatura se han hallado en rocas que no formaban parte del lecho marino. Al parecer, *Quetzalcoatlus* vivía tierra adentro, quizás a lo largo de ríos y lagos.

Tenía el cerebro y los ojos de gran tamaño, lo que indica un buen sentido de la vista para otear el alimento. Su cuerpo podría haber estado cubierto de un vello suave o de unas peculiares escamas filamentosas. Los principales huesos de las alas no eran tubos huecos como los de los restantes pterosaurios. Su sección transversal presentaba un perfil en T, similar a la viga de un puente, con el fin de sostener las enormes alas.

¿EL PTEROSAURIO "BUITRE"?

Quetzalcoatlus podría haber planeado en corrientes de aire, escudriñando el suelo en busca de animales moribundos o cadáveres como un buitre o un cóndor moderno. Si un dinosaurio moría bajo él, puede que Quetzalcoatlus aterrizara e introdujera su largo cuello y su afilado pico en los restos para arrancar pedazos de carne.

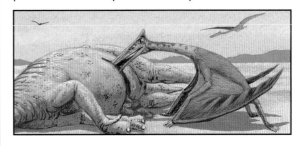

Otra posibilidad es que Quetzalcoatlus buscara peces, moluscos y cangrejos a lo largo de las llanuras fluviales y las riberas de ríos y lagos, criaturas que podía trocear y trinchar con el borde córneo, duro y delgado, de su poderoso pico.

CAPÍTULO SIETE

LOS MARES REBOSANTES DE VIDA

LOS OCÉANOS DE LA ERA DE LOS DINOSAURIOS

La mayoría de los animales salvajes actuales puede nadar, especialmente los reptiles. Los dinosaurios probablemente también podían nadar si se veían obligados a ello, ya fuese para escapar de un depredador o para huir de un incendio. Pero no vivían en el agua y tanto su cuerpo como sus extremidades estaban diseñadas para moverse sobre tierra firme. Sin embargo, a lo largo de la Era de los Dinosaurios, las aguas estuvieron pobladas por todo tipo de criaturas acuáticas, incluyendo numerosos tipos de reptiles.

LA CONQUISTA DEL OCÉANO

En la Era Mezosoica, los reptiles dominaron el planeta. Los dinosaurios poblaban tierra firme, los pterosaurios surcaban el aire y las aguas estaban dominadas por varios grupos de reptiles, como notosaurios, plesiosaurios, pliosaurios, ictiosaurios y mosasaurios.

BAJO LAS OLAS

Los reptiles marinos compartían rasgos corporales con parientes terrestres como los dinosaurios; tenían ojos, dientes, extremidades, cola y una piel escamosa. Además, tenían pulmones y respiraban aire, es decir, carecían de agallas y no podían respirar bajo el agua como los peces, de modo que todos ellos tenían que subir a la superficie regularmente para respirar antes de volver a sumergirse de nuevo.

Tortuga

Archelon

Ictiosaurio

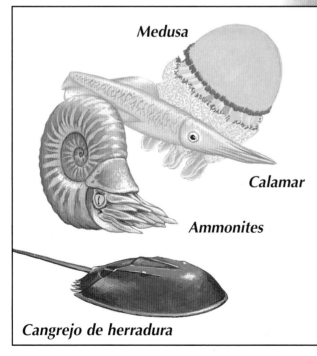

Medusa

Calamar

Ammonites

Cangrejo de herradura

Además de peces y reptiles, otros animales poblaron los océanos. Todos los que aparecen aquí, salvo los ammonites, sobreviven hoy.

Cada grupo de reptiles marinos tenía una silueta corporal propia; de todos ellos, sólo las tortugas sobreviven en la actualidad.

DE PATAS A REMOS

Los reptiles marinos tenían características propias de las que carecían sus parientes terrestres. Sus cuerpos eran lisos y esbeltos, para desplazarse con rapidez a través del agua. Las patas se transformaron en aletas, para nadar en lugar de caminar o correr. Los dientes eran idóneos para atrapar peces o calamares resbaladizos, o para aplastar la concha dura de los moluscos.

Los peces llevaban allí casi 300 millones de años cuando los primeros reptiles se lanzaron a la conquista del mar.

Plesiosaurio

Pliosaurio

ALIMENTO MARINO

¿Por qué algunos reptiles se lanzaron al mar en lugar de permanecer en tierra firme? Los continentes estaban dominados por los dinosaurios y otros depredadores feroces. Buscar alimento y evitar los peligros resultaba una ardua tarea. En los mares abundaba el alimento: peces, moluscos, estrellas de mar, cangrejos, calamares, incluso medusas y gusanos marinos. Los principales depredadores de los océanos eran ya los tiburones, aparecidos en el Devónico, cerca de 200 millones de años atrás. Sin embargo, los océanos eran lo suficientemente grandes como para poder acoger también a los reptiles marinos.

NOTOSAURIOS

Los notosaurios fueron los primeros grandes reptiles que conquistaron el mar, durante el inicio del Triásico –hace casi 250 millones de años–, pero desaparecieron por completo a finales de ese mismo período. A diferencia de otros reptiles posteriores como los ictiosaurios, los notosarios no estaban totalmente adaptados a la vida acuática: tenían extremidades palmeadas más que auténticas aletas, y quizás salían fuera del agua a descansar después de cazar peces en los mares someros de la época, tal y como hacen las focas actuales.

CERESIOSAURUS

Triásico medio, 225 millones de años
Europa
4 m de longitud
Comparado con otros notosaurios, los dedos de las extremidades de *Ceresiosaurus* eran muy largos. Es probable que nadara ondulando el largo cuerpo y la larga cola de lado a lado, impulsándose con los miembros delanteros. Las extremidades traseras pudo utilizarlas como timón y freno. Como todos los notosaurios, *Ceresiosaurus* tenía muchos dientes afilados para atrapar a sus escurridizas presas, peces y calamares, a los que engullía enteros.

Lariosaurus

LARIOSAURUS

Triásico medio, 225 m.a.
Europa
60 cm de longitud
Lariosaurus fue uno de los notosaurios más pequeños. Sus restos fósiles han sido hallados en España y muestran que los pies y los dedos resultaban más apropiados para caminar sobre tierra firme que para nadar. Tampoco el cuello era tan largo como el de los notosaurios posteriores. Al parecer, *Lariosaurus* pasó gran parte de su vida nadando en aguas poco profundas o fuera, en la orilla, atrapando pequeñas presas como peces, gambas, camarones y gusanos de las charcas costeras o rapiñando huevos de reptiles (en aquella época no existían los pájaros). En algunas regiones costeras actuales, los lagartos varanos tienen un estilo de vida similar.

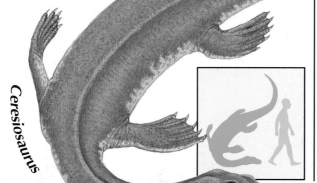

Ceresiosaurus

ENTRE DOS AMBIENTES

Los notosaurios pudieron pasar parte de su vida en tierra firme, sobre la arena y las rocas.

Pistosaurus

NOTHOSAURUS

Triásico inferior a superior, 225 m.a.
Asia, Europa y norte de África
3 m de longitud

El nombre *Nothosaurus* significa "falso lagarto", y es que los notosaurios no eran lagartos (ni dinosaurios) aunque algunos tuvieran un aspecto externo similar. *Nothosaurus* fue uno de los miembros más comunes del grupo, ya que sus restos se han descubierto en lugares tan distantes entre sí como Holanda y China. El género sobrevivió más de 25 millones de años. Algunos de los fósiles mejor preservados conservan el dibujo de la piel y nos muestran que *Nothosaurus* tenía pies palmeados, adecuados tanto para el medio acuático como para el terrestre. Al igual que en el resto del grupo, los afilados dientes superiores e inferiores encajaban entre sí, como barras punzantes, para atrapar a sus presas.

PISTOSAURUS

Triásico medio, 225 m.a.
Europa
3 m de longitud

Pistosaurus era un notosaurio, pero compartía algunas características con otro grupo de reptiles marinos, los plesiosaurios, sobre todo respecto al cráneo. Los restos fósiles de *Pistosaurus* también muestran que la columna vertebral era rígida, de modo que debió de nadar impulsándose con las extremidades y no ondulando el cuerpo como hace una serpiente, y como también haría un plesiosaurio. Algunos expertos creen que *Pistosaurus*, o una criatura parecida, fue el antepasado de los plesiosaurios, los cuales aparecieron durante el período siguiente, el Jurásico, tras la extinción de los notosaurios.

Nothosaurus

Las extremidades les permitían caminar con torpeza y desplazarse arqueando el lomo, como los leones marinos actuales. Probablemente, arribaban a tierra para tumbarse a descansar y calentarse al sol, capturar presas en los charcos de la orilla y también para procrear poniendo huevos.

195

PLESIOSAURIOS

Los dos grupos principales de reptiles marinos de la Era de los Dinosaurios fueron los plesiosaurios y los ictiosaurios (mostrados en las páginas siguientes). Los plesiosaurios se dividían a su vez en dos grandes grupos: el de los propios plesiosaurios, de cabeza pequeña y cuello largo, y el de los pliosaurios, de cabeza grande y cuello corto. Los fósiles de plesiosaurios aparecen por primera vez en las rocas del Jurásico inferior, de unos 200 millones de años de edad.

PLESIOSAURUS

Jurásico inferior, 200 m.a.
Europa
2,5 m de longitud

Plesiosaurus

ENTRE REJAS

La evolución de los plesiosaurios continuó y éstos desarrollaron unos dientes más largos, delgados, afilados y curvos, que encajaban entre sí cuando se cerraban las mandíbulas, casi como las rejas de una jaula. El plesiosaurio no tenía que morder o atravesar a las presas pequeñas, sencillamente abría las fauces y las cerraba dejando atrapados en su interior a los peces que después engullía.

Plesiosaurus fue uno de los primeros plesiosaurios y no un eslabón intermedio, parcialmente desarrollado a partir de otro tipo de reptil, ya que poseía todas las características principales de un plesiosaurio, características que apenas cambiarían durante los siguientes 130 millones de años. El nombre *Plesiosaurus* significa "lagarto cinta" y proviene del elevado número de vértebras de su columna vertebral, las cuales formaban una especie de cinta larga y flexible en el interior del cuello, el cuerpo y la cola.

A lo largo de millones de años, existieron numerosos tipos de *Plesiosaurus* y sus fósiles abundan en el sur de Inglaterra. Estaban dotados de un cuerpo delgado y el cuello, pese a su longitud, era bastante corto si se compara con los extraordinarios cuellos de otros tipos posteriores, como *Elasmosaurus*.

CRYPTOCLIDUS

Jurásico superior, 150 m.a.
Europa
4 m de longitud

A medida que el Período Jurásico avanzaba, el tamaño de los plesiosaurios aumentaba y el cuello se alargaba. También aumentó el número de huesos de los dedos de las aletas delanteras y traseras: un reptil típico tiene alrededor de tres huesos por dedo, mientras que algunos dedos de *Cryptoclidus* poseen ¡más de 10 huesos! Estos huesos adicionales proporcionaban a la aleta gran número de articulaciones más pequeñas en lugar de unos pocos "nudillos" prominentes, lo que le daba una superficie curvada más flexible y suave, que permitía nadar mejor.

Muraenosaurus

Cryptoclidus

MURAENOSAURUS

Jurásico superior, 150 m.a.
Europa
6 m de longitud

Al final del Jurásico, los plesiosaurios se encontraban entre las criaturas más grandes del océano, ¡aunque la mayor parte de ellos fuera cuello! La mitad de la longitud total de *Muraenosaurus* correspondía a su cuello, y la cabeza que lo remataba era diminuta. Probablemente este plesiosaurio lanzaba la cabeza de un lado para otro doblando el cuello para alimentarse de pequeñas criaturas marinas, igual que picotean los pájaros. El cuerpo era mucho menos flexible, así que nadaba usando las aletas.

VOLAR EN EL AGUA

En un principio, se creyó que los plesiosaurios empleaban las aletas como remos, desplazándolas en sentido horizontal, pero probablemente "aleteaban" con ellas, desplazándolas en sentido vertical, arriba y abajo, del mismo modo que hacen los pájaros cuando vuelan o las tortugas y los pingüinos cuando nadan.

Batida hacia abajo

Batida hacia atrás

Movimiento de retorno

ELASMOSAURUS

Los plesiosaurios de cuello más largo son los llamados elasmosaurios, nombre que reciben del miembro más conocido del grupo, *Elasmosaurus*. Este reptil fue descrito como "una serpiente con cuerpo de tortuga", ya que más de la mitad de los 14 m de longitud de su cuerpo correspondían al cuello. Los elasmosaurios se encuentran entre los últimos plesiosaurios y vivieron en el Cretácico superior. Al igual que los dinosaurios, el grupo de los plesiosaurios desapareció de la faz de la Tierra hace 65 millones de años.

MÁS HUESOS

El gran cuello de *Elasmosaurus* era posible gracias a la existencia de numerosos huesos suplementarios (vértebras cervicales) en su interior. Un reptil típico posee un promedio de entre cinco y diez de estas vértebras, un plesiosaurio primitivo alrededor de 25 y *Elasmosaurus* ¡más de 70! Éstas conferían al cuello una gran fortaleza y flexibilidad.

EL CRÁNEO DEL PLESIOSAURIO

El cráneo de Elasmosaurus *era delgado y aplanado, apenas más voluminoso que el propio cuello. El apuntado hocico le proporcionaba una silueta aerodinámica, que le permitía desplazarse a mayor velocidad a través del agua. Los largos dientes no podían aplastar las conchas de los moluscos, pero sí atraparlos en la boca para luego engullirlos.*

DEPREDADOR VELOZ

Los dientes y las mandíbulas de *Elasmosaurus* muestran que se alimentaba de pequeños animales como peces, calamares y ammonites de conchas espirales. Para atraparlos lanzaba la cabeza contra el banco de peces, pues así era mucho más rápido que girando todo el cuerpo.

OJOS EN LA PARTE SUPERIOR

Inicialmente, se pensó que el método que empleaba *Elasmosaurus* para conseguir su alimento consistía en nadar en la superficie levantando la cabeza por encima del agua con su largo cuello; tras otear a una víctima bajo la superficie, se lanzaría hacia abajo, casi como una serpiente. Sin embargo, esta modalidad es poco probable, ya que los ojos de *Elasmosaurus* no podían mirar hacia abajo fácilmente; por el contrario, podían ver sin problemas hacia arriba y acechar a su presa desde abajo.

¿PUDIERON SOBREVIVIR?

Se han encontrado fósiles de *Elasmosaurus* en Japón, Asia oriental y en el Medio Oeste norteamericano. En el Cretácico, esas rocas eran parte de un mismo fondo oceánico. Algunas personas creen que los plesiosaurios todavía podrían sobrevivir en lagos remotos y profundos, como por ejemplo el mítico "monstruo del Lago Ness", en Escocia.

El plesiosaurio tuvo que estirar su largo cuello hacia delante para nadar rápidamente, ya que de otro modo el agua lo habría desplazado hacia los lados. Es probable que avanzara lentamente, atrapando a sus presas una a una. Moviendo las aletas de un lado de su cuerpo hacia delante y las del lado opuesto hacia atrás, el plesiosaurio podía girar prácticamente sobre sí mismo.

EL ESQUELETO FÓSIL

El cuerpo del plesiosaurio poseía las costillas habituales de la columna vertebral, que se curvaban hacia abajo, pero también un grupo adicional de costillas –las costillas ventrales– que se curvaban hacia arriba, en su vientre. El conjunto formaba una "caja" que servía de anclaje a los enormes

músculos que impulsaban las aletas. Los huesos de la cintura escapular y pélvica también eran amplios y laminados, para fijar los músculos con aún más firmeza. Los huesos de las extremidades anteriores y posteriores eran cortos y anchos, y la mayor parte de las aletas estaba sostenida por los huesos de los dedos.

Nombre: Elasmosaurus
Vivió: *hace 70 m.a.*
Localización: *Asia, Norteamérica*
Longitud: *14 m*
Dieta: *peces*

La expansión de los plesiosaurios durante el Jurásico inferior fue seguida de cerca por la de sus parientes cercanos, los pliosaurios. Con sus cuellos cortos y sus enormes cabezas, los pliosaurios estaban mejor dotados para nadar más rápidamente y capturar presas de mayor tamaño. En el Cretácico, algunos pliosaurios habían alcanzado tal tamaño que a su lado dinosaurios carnívoros como *Tyrannosaurus* ¡resultaban insignificantes!

ORIFICIOS EN LA CABEZA

Al igual que todos los reptiles, los plesiosaurios y los pliosaurios respiraban a través de orificios nasales. Los orificios estaban emplazados en la parte superior delantera de la cabeza, de ese modo el animal sólo tenía que sacar a la superficie esta parte para respirar.

Macroplata

MACROPLATA

Jurásico inferior, 200 m.a.
Europa
5 m de longitud

Este pliosaurio primitivo poseía todavía un cuello largo, como el de los plesiosaurios, pero su cabeza era relativamente grande y larga, como la de un cocodrilo, y estaba dotada de hileras de dientes para atrapar bocados resbaladizos. A diferencia de lo que sucede en los plesiosaurios, las aletas traseras eran más grandes que las delanteras, lo que parece indicar que los pliosaurios se impulsaban con las aletas traseras. La cola era corta y puntiaguda para permitir que el agua fluyera rápidamente por detrás. La silueta corporal de los plesiosaurios y los pliosaurios era aerodinámica para reducir la resistencia generada por el agua.

Kronosaurus

PELONEUSTES

Jurásico superior
145 m.a.
Asia, Europa
3 m de longitud

A medida que el Jurásico llegaba a su fin, los pliosaurios se diferenciaron aún más de los plesiosaurios. El cuello se acortó y las vértebras cervicales se redujeron hasta menos de 20, frente a las más de 30 de los plesiosaurios. *Peloneustes* también poseía en las mandíbulas un menor número de dientes, más separados entre sí, que eran cortos y cónicos en lugar de delgados y con forma de cuchilla. Los cocodrilos actuales tienen una dentición similar, que resulta idónea para capturar a las presas y aplastar a las víctimas de mayor tamaño. Su dieta pudo estar basada en ammonites de concha dura, belemnites, sepias, calamares y plesiosaurios.

Peloneustes

KRONOSAURUS

Cretácico inferior, 140 m.a.
Australia
9 m de longitud

El "lagarto tiempo" fue uno de los pliosaurios de mayor tamaño y también uno de los mayores depredadores marinos de su época, 120 millones de años atrás. *Kronosaurus* era casi tan largo como el terrestre *Tyrannosaurus*, una longitud de la que prácticamente la cuarta parte correspondía a la enorme cabeza, dotada de mandíbulas con hileras de dientes grandes y afilados. El cráneo fósil de *Kronosaurus* tiene 2,7 m de longitud mientras que el de *Tyrannosaurus* tiene 1,8 m.

Kronosaurus vivió en el mar de aguas cálidas y someras que cubrió parte de Australia durante el Cretácico inferior. Entre los fósiles de esta época y lugar se encuentran muchos tipos de peces y moluscos, como los extintos ammonites y belemnites, así como calamares. Algunas conchas conservadas presentan marcas de dientes, que permiten conocer el tamaño y la separación de los dientes de pliosaurios como *Kronosaurus*.

El mayor carnívoro que ha existido jamás en nuestro planeta no es el cachalote actual, que con sus 20 m de longitud y 50 toneladas de peso supera las dimensiones de los dinosaurios carnívoros. Ese puesto lo ostenta hasta hoy *Liopleurodon*, un pliosaurio que pobló las aguas de los mares del Jurásico superior.

¿EL MAYOR ANIMAL?

Liopleurodon era realmente enorme. Los cálculos le asignan hasta 25 m de longitud, las mismas dimensiones que la mayoría de los dinosaurios saurópodos gigantes, como *Apatosaurus* y *Mamenchisaurus*. ¡Su peso podría haber sido de 75 o incluso de 150 toneladas!, superando el de los mayores dinosaurios, como *Brachiosaurus* y *Argentinosaurus*. *Liopleurodon* puede competir con su rival actual, la ballena azul, por el puesto de animal más grande de la Tierra.

EL SOPORTE DEL AGUA

El impresionante tamaño de *Liopleurodon* se debe en parte al hecho de que vivió en el agua. El agua ayuda a soportar el peso de los seres que habitan en ella, facilitando de ese modo el desplazamiento. Ésta es la razón por la que los mayores seres vivientes actuales, las grandes ballenas, se encuentran en el mar.

Los fósiles de *Liopleurodon* incluyen esqueletos completos y numerosos huesos sueltos, y han sido hallados en diversas zonas de Europa, fundamentalmente en Francia, Alemania e Inglaterra. Restos similares se han descubierto en Chile, Sudamérica.

ESQUELETO, CRÁNEO Y DENTADURA

El cráneo de un pliosaurio representaba hasta una cuarta parte de la longitud total del cuerpo. El cráneo de Liopleurodon tenía unos aterradores 5 m de longitud, mayor que el cuerpo de muchos dinosaurios. Los dientes se encontraban en la parte frontal de las mandíbulas, como dos hileras de mortales dagas curvas. Al contrario que en la mayoría de los plesiosaurios, las dos aletas traseras eran más largas que las delanteras. Los pliosaurios se impulsaban probablemente haciendo uso de las aletas traseras y empleaban las aletas delanteras como timones para perseguir a sus presas, frenar y subir a la superficie para respirar.

Nombre: Liopleurodon
Vivió: *hace 150 m.a.*
Localización: *Europa, Sudamérica*
Longitud: *25 m*
Dieta: *reptiles marinos*

SUPERDEPREDADOR

¿De qué se alimentaba este colosal carnívoro? ¡De cualquier cosa que quisiera! La mayoría de los peces y moluscos eran demasiado pequeños y sólo serían un aperitivo. El gigantesco cráneo y los enormes dientes de *Liopleurodon* estaban pensados para grandes bocados, entre los que se incluían reptiles marinos emparentados como los ictiosaurios, los plesiosaurios y los más pequeños pliosaurios.

Liopleurodon lanza su cuerpo colosal fuera del agua intentando atrapar con sus dientes de 30 cm a un ictiosaurio. Hoy, las grandes ballenas como la yubarta, que alcanza más de 50 toneladas de peso, saltan del mismo modo.

UN OLFATO COMO EL DE LOS TIBURONES

Liopleurodon tenía unas aberturas situadas entre el paladar de la boca y las dos narinas, que le permitían detectar los rastros en el agua que llegaba hasta su boca. Cuando el rastro de la presa era más intenso en una de las narinas, Liopleurodon viraba hacia ese lado siguiendo la pista, del mismo modo que un tiburón.

En la Era de los Dinosaurios, reptiles marinos como los notosaurios, los pliosaurios y los plesiosaurios tenían grandes extremidades en forma de aleta para nadar, pero probablemente muchos de ellos podían desplazarse sobre tierra firme, quizás para poner sus huevos. Otros reptiles oceánicos, por el contrario, nunca pudieron regresar a tierra firme y pasaron toda su vida en el agua, donde desarrollaron una cola y una aleta dorsal como las de los peces. Es más, su exterior adquirió el aspecto de un pez, aunque realmente no dejaron de ser reptiles. Se trata de los ictiosaurios, cuyo nombre significa "lagarto pez".

SHONISAURUS

Triásico superior, 210 m.a.
Norteamérica
15 m de longitud
Son escasos los fósiles de eslabones intermedios de ictiosaurios que nos muestran su evolución a partir de reptiles terrestres durante el Triásico inferior. Tan sólo 30 millones de años después, los ictiosaurios alcanzaban ya tamaños gigantescos. *Shonisaurus*, por ejemplo, era más grande que *Tyrannosaurus*. Las aletas ventrales delanteras

y traseras tenían un tamaño similar, y eran estrechas y alargadas comparadas con el cuerpo. Los ictiosaurios posteriores tenían las extremidades más cortas y las aletas ventrales delanteras dos veces más largas que las traseras.

UN ESQUELETO DE REPTIL

El aspecto de los ictiosaurios era muy semejante al de los peces o los delfines, nuestros mamíferos marinos actuales. Sin embargo, los esqueletos fósiles demuestran que eran reptiles. A diferencia de los peces, sus aletas albergaban en el interior los huesos del brazo y de la mano y los de la pierna y del pie respectivamente. Además, carecían de agallas para respirar bajo el agua. La cola estaba orientada verticalmente, con el extremo de la columna vertebral penetrando en ella hacia abajo; la cola de un delfín es horizontal y carece de huesos.

Shonisaurus

Mixosaurus

MIXOSAURUS

Triásico medio, 220 m.a.
Asia, Europa,
Norteamérica
1 m de longitud

Los fósiles de este ictiosaurio se han hallado en numerosas partes del mundo, desde la zona ártica canadiense y los Alpes hasta China y el sudeste asiático tropical. *Mixosaurus* debió de ser, por tanto, una especie muy común en el antiguo mar de Tetis y el superocéano de Pantalasa. *Mixosaurus* muestra cómo se desarrolló gradualmente la cola bifurcada a partir de alerones carnosos de la cola ordinaria de los reptiles.

OPHTHALMOSAURUS

Jurásico superior, 150 m.a.
Europa, Norteamérica y Sudamérica
4,5 m de longitud

Varios esqueletos fósiles completos de este ictiosaurio han sido descubiertos en Argentina y en varios lugares de Europa. Los esqueletos son de tamaños diversos y muestran el crecimiento de *Ophthalmosaurus* desde que es una cría hasta que se convierte en adulto. El cráneo de un adulto superaba el metro de longitud y estaba dotado de mandíbulas alargadas y angostas en forma de pico. Este tipo de boca era ideal para sacudirla lateralmente por el agua a toda velocidad y capturar la presa; asimismo, su forma aerodinámica le permitía nadar rápidamente.

El nombre *Ophthalmosaurus* significa "reptil ojo" y proviene del enorme tamaño de sus ojos (ver pág. 208).

Ophthalmosaurus

MENÚ DE MARISCO

Algunos esqueletos fósiles de ictiosaurio presentan extraños montones de piedras puntiagudas donde en vida se encontraba el estómago del animal. Estas piedras no son otra cosa que los restos de las "conchas" duras que animales como los calamares y los belemnites tienen, o tenían, en el interior de sus cuerpos. También se han encontrado espinas y escamas de pez.

MISTERIOS DE LOS ICTIOSAURIOS

La forma corporal de los ictiosaurios es similar a la de los peces y delfines modernos, de modo que probablemente tuvieron estilos de vida similares. Mediante el estudio de los animales modernos y su comparación con las características de los ictiosaurios conocidas a partir de los fósiles, podemos averiguar cómo nadaban, se sumergían y atrapaban a sus presas estos reptiles marinos. Los ictiosaurios aparecieron al mismo tiempo que los dinosaurios, durante el Triásico, pero desaparecieron hace alrededor de 90 millones de años, mucho antes que ellos.

GRANDES Y PEQUEÑOS

Los ictiosaurios de mayor tamaño, como Shonisaurus *(ver página anterior) e* Himalayasaurus *(ver página siguiente), superaban los 15 m de longitud, un tamaño que duplica el del mayor reptil actual, el cocodrilo de estuario.*
Los fósiles de Chaohusaurus *descubiertos en China nos muestran que sólo alcanzaba los 60 cm de longitud.*

CYMBOSPONDYLUS

Triásico medio, 220 m.a.
Norteamérica
10 m de longitud
Este ictiosaurio primitivo de gran tamaño carece de algunas características propias del grupo. Su aspecto recuerda a una anguila con cuatro aletas ventrales, ya que aún no había desarrollado ni la aleta dorsal ni la caudal bifurcada. Asimismo, sus aletas eran todavía muy cortas, más útiles como timón y frenos. *Cymbospondylus* debió de impulsarse ondulando el cuerpo del mismo modo que una anguila o las serpientes de mar, reptiles marinos que son sus parientes actuales. Sus mandíbulas, no obstante, eran largas y estrechas y estaban dotadas de numerosos dientes afilados, rasgo propio de un piscívoro.

TEMNODONTOSAURUS

Jurásico inferior, 200 m.a.
Europa
9 m de longitud
Al inicio del Período Jurásico, los ictiosaurios habían adquirido ya todas las características

principales de su grupo y eran nadadores veloces, de formas esbeltas y delgadas. Impulsado por la cola, *Temnodontosaurus* podía desplazarse por el agua tan rápido como los peces actuales, tal vez superando los 40 km/h.

Shonisaurus

Chaohusaurus

Temnodontosaurus

¿Cuánto tiempo podía permanecer un ictiosaurio bajo el agua sin respirar? Los estudios llevados a cabo con reptiles acuáticos actuales (tortugas, cocodrilos y serpientes marinas) y con ballenas señalan que el tiempo de inmersión máximo podría haber sido de 15-20 minutos.

Eurhinosaurus

EURHINOSAURUS
Jurásico inferior, 200 m.a.
Europa
1,8 m de longitud

Eurhinosaurus es uno de los ictiosaurios más peculiares, debido a que tenía la mandíbula superior mucho más larga que la inferior. Este "hocico" superior era aplanado, como la hoja de una espada, y su filo estaba repleto de dientes que sobresalían hacia los lados. El único pez actual que posee un hocico así es el pez sierra, que lo emplea para escarbar en el lodo en busca de gusanos y moluscos, y para defenderse.

Otra posibilidad es que *Eurhinosaurus* empleara el hocico como arma para capturar a sus víctimas en los huidizos bancos de peces y calamares: agitado de lado a lado como una guadaña, el hocico podía golpear y herir a sus presas, que luego eran engullidas.

Cymbospondylus

ICHTHYOSAURUS

Pocos animales de la Era de los Dinosaurios son mejor conocidos que *Ichthyosaurus*. Centenares de esqueletos fósiles de este animal han sido descubiertos en muchos lugares de Norteamérica y Europa. Las rocas donde han sido hallados abarcan desde el Jurásico inferior hasta el Cretácico inferior, lo que demuestra que varias especies de *Ichthyosaurus* sobrevivieron durante más de 60 millones de años, un período de tiempo sorprendentemente largo para un mismo tipo de animal. La mayoría de los restos muestran que *Ichthyosaurus* tenía una longitud aproximada de 1,8 m.

OJOS GRANDES PARA CAZAR

Numerosos fósiles de Ichthyosaurus *revelan que poseían ojos enormes, como los de las aves, lo cual conduce a pensar que probablemente cazaban guiados por la vista y no por el olfato. Alrededor de la parte frontal de la abultada órbita ocular, tenían un círculo óseo, o anillo esclerótico, que cumplía funciones de protección y soporte. Los ojos más grandes corresponden a los de* Ophthalmosaurus, *de 10 cm de diámetro, los más grandes entre los animales vertebrados.*

FÓSILES EN BUEN ESTADO

Tal y como se realiza el proceso de fosilización resulta más fácil que fosilicen las criaturas marinas que las terrestres. Algunos de los mejores fósiles de *Ichthyosaurus* provienen de una zona cercana a Holzmaden, en el sur de Alemania, donde las rocas están formadas por un grano muy fino, lo que ha permitido conservar fósiles con gran detalle. En ellas, el esqueleto de *Ichthyosaurus* se encuentra perfectamente preservado, conservando en algunos casos todos los huesos ordenados, uno junto al otro, igual que cuando el animal vivía.

LA SILUETA CORPORAL

Algunos de estos restos fósiles conservan alrededor una capa delgada y oscura, con el aspecto de una mancha oleosa. Esta señal corresponde a la carne que desapareció víctima de la putrefacción y nos muestra la silueta corporal del animal. Es así como ha sido posible saber que los ictiosaurios tenían aletas dorsales y caudales.

ALIMENTO FOSILIZADO

Otros fósiles hallados junto a los restos de *Ichthyosaurus* nos indican que su principal alimento eran los peces, aunque también se alimentaba de calamares, de los alargados belemnites y de ammonites, de concha espiral.

Un ictiosaurio atrapa a un ammonites. Acto seguido, aplastará su concha y devorará a su inquilino.

¿A QUÉ PROFUNDIDAD?

¿Permanecían los ictiosaurios cerca de la superficie o podían sumergirse a gran profundidad? Los tipos de calamares que devoraban tienen parientes actuales similares que moran a grandes profundidades, en algunos casos cercanas a los 1.000 m.

Nombre: Ichthyosaurus
Vivió: hace 200 m.a.
Localización: Europa, Norteamérica
Longitud: 1,8 m
Dieta: peces, calamares y ammonites

El agua a tales profundidades es muy oscura, porque la luz desaparece rápidamente bajo la superficie. *Ichthyosaurus* pudo ver muy bien gracias a sus enormes ojos. También podría haber detectado las ondas o vibraciones del agua producidas por sus presas con los oídos.

¿HUEVOS O CRÍAS?

Algunos de los fósiles mejor conservados entre los hallados en Alemania contienen diminutos esqueletos de Ichthyosaurus *en el interior del cuerpo de un adulto; se trata de las crías preparadas para nacer. Uno de estos fósiles muestra incluso una cría saliendo de su madre, con la cola en primer lugar, como los delfines actuales. Los ictiosaurios, a diferencia de las tortugas, no podían desplazarse a tierra firme y depositar sus huevos en la orilla.*

MOSASAURIOS

Numerosos reptiles de la Era de los Dinosaurios tienen nombres acabados en *–saurio*, que significa "lagarto", aunque muchos de ellos, como los notosaurios, los plesiosaurios, los ictiosaurios e incluso los dinosaurios, no eran lagartos auténticos. Sin embargo, los mosasaurios sí lo eran. Los parientes actuales más próximos de estas criaturas son lagartos feroces como el varano del Nilo y el dragón de Komodo, aunque comparados con los gigantescos mosasaurios marinos del Cretácico medio y superior resulten pequeños y endebles. Por desgracia, compartieron el mismo destino que los dinosaurios, los plesiosaurios y tantos otros, y desaparecieron hace 65 millones de años.

Tylosaurus

TYLOSAURUS
Cretácico superior
70 m.a., Norteamérica
9 m de longitud
El estado de Kansas, en EE.UU., es la capital mundial de los fósiles de mosasaurio. Los mares cálidos y poco profundos que cubrían esta región de Norteamérica durante el Cretácico superior albergaban en sus aguas miríadas de peces y moluscos. *Tylosaurus* poseía las características más comunes de los mosasaurios: cuatro aletas laterales, una boca enorme dotada de numerosos dientes afilados y una larga cola con bordes o aletas.

GLOBIDENS
Cretácico superior, 70 m.a.
Norteamérica
6 m de longitud
A diferencia de la mayoría de los mosasaurios, *Globidens* carecía de dientes puntiagudos para atrapar peces y otras criaturas de cuerpo blando, como calamares y pulpos. Muchos de los casi cuarenta dientes que tenía eran redondos como pelotas de golf y de un tamaño similar. Lejos de sobresalir, se encontraban incrustados en la mandíbula, de modo que sólo se veía la parte superior. Una dentadura así resultaba ideal para aplastar las gruesas conchas de moluscos como las almejas o los cangrejos de cuerpo duro. Los dientes frontales eran largos y con forma de clavija, y *Globidens* pudo usarlos para extraer los moluscos del fondo marino o arrancarlos de las rocas.

LA MADRE MOSASAURIO

Los fósiles nos muestran que los mosasaurios parían a sus crías –al igual que los ictiosaurios y las serpientes marinas actuales–, ya que no podían salir a tierra firme a poner huevos y éstos no habrían sobrevivido en el agua salada del mar. Quizás la madre mosasaurio cuidó de sus crías, como algunos dinosaurios.

Globidens

CLIDASTES

Cretácico superior, 70 m.a.
Norteamérica
3,5 m de longitud
Clidastes fue uno de los mosasaurios más pequeños. Pese a ello, era tan grande como la mayoría de los tiburones actuales e igual de feroz. Los dientes afilados y curvados hacia atrás estaban espaciados entre sí, de una forma similar a los del dinosaurio *Baryonyx*. *Clidastes* pudo cazar cerca de la orilla, dejando el mar abierto a los mosasaurios gigantes.

PLATECARPUS

Cretácico superior,
70 m.a.
Europa, Norteamérica
4,2 m de longitud
Platecarpus es conocido por una variedad de yacimientos fósiles, que incluyen Bélgica en Europa y numerosos estados del centro y el sur de EE.UU. La mayoría datan de la "época de apogeo de los mosasaurios", unos 75 millones de años atrás. En las mismas zonas, se han hallado cantidades enormes de conchas fósiles de ammonites, muchas de las cuales muestran marcas de dientes de mosasaurio. En algunos casos, una misma concha presenta más de diez mordeduras en distintos lugares, reflejo de los múltiples intentos de aplastarla.

Platecarpus

Clidastes

MOSASAURUS

Los mosasaurios reciben su nombre del primer reptil del grupo que se descubrió y fue bautizado con el nombre de *Mosasaurus* hace unos 200 años. Este cazador de 10 m era más poderoso que cualquier tiburón carnívoro actual. Restos de varias especies de *Mosasaurus* han sido hallados en múltiples lugares de Europa y Norteamérica.

UN ORIGEN MISTERIOSO

El origen de los mosasaurios se halla envuelto en el misterio. Los mosasaurios comenzaron su expansión por los mares junto a los pliosaurios, a lo largo del Cretácico medio, cuando los ictiosaurios declinaban, pero no descienden ni de éstos ni de ningún otro reptil marino. Probablemente, aparecieron durante el Cretácico inferior en forma de grandes lagartos carnívoros, que se lanzaron al mar, y sus patas se transformaron progresivamente en aletas.

¿MUERTOS EN EL DILUVIO UNIVERSAL?

El nombre de mosasaurio, "Lagarto de Meuse", tiene su origen en un lugar –la región holandesa de Meuse– y no en una característica corporal. Durante la década de 1770, una mina de creta puso allí al descubierto enormes mandíbulas y dientes fósiles. A principios del siglo XIX, el zoólogo y paleontólogo Georges Cuvier demostró que los fósiles eran de un enorme lagarto acuático, al que denominó *Mosasaurus* y describió como víctima del Diluvio Universal bíblico. No obstante, el descubrimiento de este y otros "monstruos" extintos hizo pensar a los científicos en la idea de la evolución.

Nombre: Mosasaurus
Vivió: hace 70 m.a.
Localización: Europa, Norteamérica
Longitud: 10 m
Dieta: peces, calamares, ammonites y tortugas

COLA MOTRIZ

Las aletas ventrales de *Mosasaurus* eran demasiado pequeñas y débiles para propulsarle con rapidez a través del agua, así que para nadar tendría que ondular de un lado a otro sus largos y delgados cuerpo y cola como una serpiente gigante. Las crestas de la parte superior e inferior de la cola, al igual que las largas aletas de una anguila o de un tritón, le ayudarían a nadar más rápido. Los cocodrilos mueven sus colas del mismo modo cuando nadan. Las aletas actuaban como timones y frenos.

COMIDA EMPLUMADA

Junto a los restos de mosasaurios hallados en Kansas, se han encontrado fósiles de Hesperornis, un ave primitiva. De hecho, las mandíbulas alargadas y dentadas de esta ave se atribuyeron en su día a un mosasaurio. Tan alta como un hombre, Hesperornis poseía alas diminutas y no podía volar, pero los pies palmeados le permitían nadar y sumergirse en busca de peces. ¡Debió de ser un sabroso bocado para el mosasaurio!

Un Mosasaurus abate sus fauces sobre el duro caparazón de una tortuga marina Protostega mientras un tiburón nada al fondo. Tras la desaparición de los mosasaurios al final del Cretácico, los tiburones recuperaron el dominio de los mares.

EL CRÁNEO Y EL ESQUELETO DE MOSASAURUS

Los mosasaurios comparten varios rasgos con los varanos actuales. El primero es la mandíbula inferior, dotada de una articulación que les permite inclinar lateralmente la boca. La escápula y los huesos de las extremidades del mosasaurio guardan una estrecha semejanza con los de los lagartos, más que con los de cualquier otro grupo de reptiles. En la parte posterior del cuerpo y la cola, largas varillas nacidas en las vértebras sostenían pliegues erectos y alargados con forma de aleta, que les ayudaban a nadar.

Al igual que los dinosaurios y otros grupos de reptiles, las tortugas aparecieron durante el Triásico. Las primeras de ellas surgieron hace 200 millones de años, poco después de los primeros dinosaurios, y desde sus orígenes han poseído grandes conchas cóncavas como protección. Es probable que las primeras especies habitaran en tierra firme, pero poco después algunas de ellas conquistaron el medio acuático y sus patas se transformaron en aletas.

Proganochelys

PROGANOCHELYS

Triásico medio y superior
220 m.a.
Europa
1 m de longitud

Todas las tortugas forman el grupo de reptiles conocido con el nombre de quelonios. *Proganochelys* fue uno de los primeros miembros, aparecido en el Triásico superior en lo que ahora es Alemania. De hábitos terrestres como los de un galápago, tenía un caparazón desarrollado de 60 cm con dos capas: una interna formada por láminas curvas de hueso y otra externa de placas de material córneo que recubría la primera. Al igual que los primeros quelonios, *Proganochelys* no podía replegar la cabeza y las extremidades en el interior del caparazón, y sus mandíbulas tenían dientes; los quelonios actuales carecen de ellos.

PROTOSTEGA

Cretácico superior, 70 millones de años
Norteamérica
3 m de longitud

Los extensos mares cretácicos que cubrieron en su tiempo Norteamérica eran un lugar peligroso, repletos de mosasaurios, pliosaurios, tiburones y cocodrilos marinos. La tortuga marina *Protostega* tenía su cuerpo cubierto por un gran caparazón. Este caparazón, a diferencia del de otros muchos quelonios, no estaba formado por placas óseas rígidas. La capa ósea se reducía a una circunferencia externa, una barra central que cubría la columna y dos hileras de varillas óseas que las unían. Ello reducía la robustez del caparazón, pero lo hacía más ligero y permitía una huida rápida. *Protostega* también tenía unas aletas enormes, que en caso necesario le proporcionaban una gran velocidad. La boca desdentada tenía un pico córneo con el que devoraba multitud de criaturas marinas, desde medusas gelatinosas hasta duros moluscos de concha.

Protostega

NIDOS EN LA PLAYA

Las tortugas marinas de hoy en día difieren poco de sus parientes de hace más de 100 millones de años. Los fósiles muestran que las tortugas marinas del Mesozoico (la Era de los Dinosaurios) ponían sus huevos en orificios excavados en la arena de las playas. La tortuga madre cubría el hueco con arena y el calor del sol ayudaba a los huevos a eclosionar. Las crías tenían que correr de forma precipitada hacia el mar esquivando a predadores como los lagartos y otros reptiles.

PLACOCHELYS

Triásico superior, 210 millones de años
Europa
90 cm de longitud

Placochelys es un ejemplo excelente de la llamada "evolución convergente": aquellos casos en los que dos animales de tipos distintos evolucionan hasta poseer un aspecto similar debido al estilo de vida común que desarrollan en un mismo entorno. La parte exterior de *Placochelys* era igual que una tortuga, pero interiormente, como sus fósiles revelan, era miembro de un grupo de reptiles distinto, el de los placodontos. Éstos fueron contemporáneos de otros parientes cercanos, los notosaurios (ver página 194). La capa interior del caparazón de *Placochelys* estaba formada por muchos más huesos que la de las auténticas tortugas.

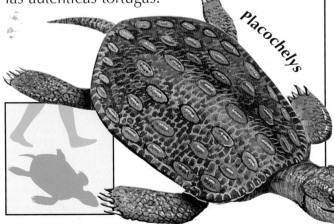

HENODUS

Triásico superior, 210 m.a.
Europa
1 m de longitud

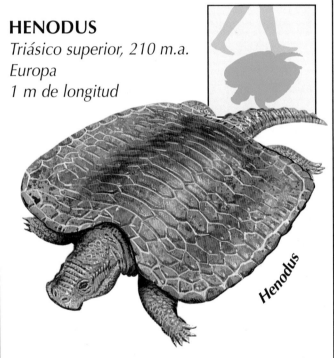

Al igual que *Placochelys* (izquierda), *Henodus* no era una tortuga, sino un placodonto con aspecto de tortuga. Este grupo sólo vivió durante el Triásico. El caparazón rectangular de *Henodus* le protegía de los depredadores de su época, entre los que se encontraban los tiburones, los cocodrilos (que acababan de aparecer después de evolucionar en tierra firme) y un nuevo grupo de reptiles marinos depredadores, los ictiosaurios. *Henodus* tenía una cabeza rectangular y se alimentaba de moluscos, que atrapaba con sus mandíbulas picudas y carentes de dientes.

El Cretácico superior fue una época de animales gigantescos, especialmente entre los reptiles marinos. El mayor miembro del grupo de las tortugas, conocido por los fósiles hallados hasta el momento, es *Archelon*. Sus restos proceden de Estados Unidos, concretamente de Kansas y Dakota del Sur. Los 3,7 m de largo de *Archelon* –la longitud de un automóvil familiar– y los casi otros tantos de anchura duplican el tamaño de la tortuga marina más grande y del mayor quelonio actual, la tortuga laúd, que puede superar la media tonelada de peso.

NADADOR INCANSABLE

Los estudios realizados con las tortugas marinas actuales nos muestran que *Archelon* no era el nadador más veloz del océano, sino un fondista que podía mantenerse nadando durante horas e incluso días. Quizás, las hembras emigraban anual o bianualmente a territorios de reproducción y arrastraban sus pesados cuerpos por la orilla para depositar los huevos en la cálida arena.

UN ENEMIGO "DURO DE ROER"

El caparazón y las aletas de *Archelon* estaban probablemente cubiertos de piel curtida y gruesa, que resultaba difícil de morder o agarrar (la piel de la tortuga laúd actual es tan dura como un neumático de automóvil). Además, el pico de papagayo que poseía le permitía aplastar o arrancar bocados de carne del agresor.

Las aletas frontales de *Archelon* eran del tamaño de un hombre adulto y le permitían nadar. Con este fin, no las desplazaba como remos –adelante y atrás–, sino que las levantaba y las hacía descender, como si fuera el aleteo de un pájaro. Los plesiosaurios, las tortugas actuales y las aves marinas como los pingüinos mueven las aletas de la misma forma.

UN CAPARAZÓN "AGUJEREADO"

El caparazón de Archelon *no estaba formado por placas óseas o córneas macizas, sino por tiras óseas recubiertas de piel gruesa y elástica. Los largos dedos de las extremidades se extendían en las aletas.*

COMIDA INVISIBLE

Al igual que la tortuga laúd actual, la dieta de *Archelon* se basó probablemente en criaturas de cuerpo blando como las medusas. Los tentáculos urticantes de estos animales sencillos no podían causar ningún daño a las mandíbulas córneas de borde afilado y a la piel resistente de la boca de esta tortuga gigante.

Archelon *atrapa con su pico córneo una medusa que vaga a la deriva. Las medusas aparecen a menudo formando grandes grupos, llamados enjambres. El encuentro casual con uno de tales enjambres le permitía darse un atracón. Las pequeñas aletas traseras ayudaban a esta tortuga del tamaño de un automóvil a trazar su rumbo y a emerger para respirar.*

Nombre: Archelon
Vivió: *hace 70 m.a.*
Localización: *Norteamérica*
Longitud: *3,7 m*
Dieta: *medusas*

A DORMIR

Algunas tortugas marinas modernas se "aletargan"; se posan sobre el fondo marino durante horas o incluso días. Los procesos corporales se ralentizan tanto que una inspiración de aire profunda les permite permanecer bajo el agua durante horas. Este letargo es similar a la hibernación y ayuda a la tortuga a superar los períodos de tiempo frío o las estaciones en las que la comida escasea. Posiblemente, *Archelon* también descansó en el fondo de los mares someros, emergiendo sólo un par de veces al día para tomar aire y poder volver a sumergirse y continuar su sueño sobre el lecho marino.

EL CRÁNEO DE ARCHELON

El cráneo de las tortugas posee menor número de huesos que el de la mayoría de los reptiles y tiene una forma rectangular para proteger el cerebro y los ojos. La mandíbula superior de Archelon era más larga que la inferior y formaba un pico ganchudo en su extremo, muy similar al que observamos en algunas aves modernas como los aras.

TIBURONES

Todos los reptiles marinos mostrados en las páginas anteriores, a excepción de las tortugas, tuvieron el mismo fin que los dinosaurios, se extinguieron. Pero otro grupo de cazadores de los océanos ha sobrevivido hasta hoy. Estos depredadores magníficos ya poblaban la Tierra unos 150 millones de años antes de la Era de los Dinosaurios y hoy siguen siendo los carnívoros más temidos de los mares. No son reptiles, sino peces. Son los tiburones.

Scapanorhynchus

HYBODUS

Pérmico superior a Cretácico superior
245-65 m.a.
Mundialmente
2 m de longitud
Hybodus ha sido uno de los vertebrados más extendidos y de vida más prolongada de la historia terrestre. Sus restos se han hallado en todo el mundo y a lo largo de un intervalo de tiempo tan largo que supera en 20 millones de años a la propia Era de los Dinosaurios. *Hybodus* era muy similar a la tintorera actual, un cazador elegante y veloz. Con sus afilados dientes frontales capturaba a su presa y con los dientes traseros, romos y bajos, aplastaba conchas y huesos.

SCAPANORHYNCHUS

Cretácico inferior a superior
100 m.a., Mundialmente
50 cm de longitud
Los tiburones apenas han cambiado desde que hicieron su aparición en el Período Devónico. El pequeño *Scapanorhynchus* fue el primero de un nuevo grupo de tiburones, de mayor semejanza si cabe con las especies actuales. Tenía un esqueleto más robusto y un cerebro más grande que los tiburones más primitivos y también unos sentidos más agudos, especialmente el olfato. Sus mandíbulas se podían ampliar para propinar una dentellada más grande. Sin embargo, la función del hocico puntiagudo continúa siendo un misterio.

Hybodus

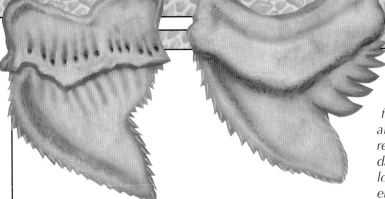

Diente fósil de Squalicorax (un tiburón primitivo)

Diente de un tiburón tigre actual

DIENTES

Los tiburones no dejaron muchos fósiles, ¡porque no tienen huesos!

El esqueleto de un tiburón está formado fundamentalmente por cartílago, aunque algunas partes, como las vértebras, están reforzadas con minerales óseos y pueden dar lugar a buenos fósiles. Las escamas y los dientes también se conservan. Los dientes eran delgados, afilados y de borde aserrado, como cuchillos de carne.

CRETOXYRHINA

Cretácico superior, 70 millones de años
Norteamérica
5,4 m de longitud

Los tiburones como *Cretoxyrhina* debieron de competir con los mosasaurios, pliosaurios y cocodrilos marinos por el puesto de superdepredadores de los mares del Cretácico superior.

Cretoxyrhina

Este nadador aerodinámico fue el tiburón blanco de su época; podía dar caza a su presa a gran velocidad y arrancarle grandes pedazos de carne.

Los mamíferos marinos todavía no habían aparecido, así que *Cretoxyrhina* debió de cazar peces y reptiles.

VIDA Y MUERTE

En la actualidad, algunos tiburones son cazadores activos mientras que otros son carroñeros o bien se alimentan de moluscos que buscan escarbando en el lodo marino. En la Era de los Dinosaurios se daban los mismos estilos de vida. Los carroñeros como *Squalicorax* debían morder y sacudir con fuerza la cabeza para cortar y arrancar la carne de los cuerpos de peces y reptiles marinos muertos o moribundos o bien de dinosaurios arrastrados hasta el mar.

CAPÍTULO OCHO

EL MUNDO DE LOS DINOSAURIOS

LA HISTORIA DE LA TIERRA

Los dinosaurios no fueron los primeros animales que existieron sobre la Tierra, ni tampoco las primeras criaturas de gran tamaño. Más de 150 millones de años antes de su aparición, algunos seres vivos provenientes del mar conquistaron tierra firme. Y millones de años antes de que eso ocurriera, animales de todo tipo –desde gelatinosas medusas hasta enormes tiburones– poblaron los mares. En un pasado aún más remoto, unos 2.000 millones de años atrás, diminutas formas de vida (como las bacterias actuales) pulularon en los océanos primigenios.

ERAS Y PERÍODOS

La historia de la Tierra se divide en períodos de tiempo conocidos como eras; a la derecha se muestran las tres últimas. Los dinosaurios vivieron durante la Era Mesozoica. Las eras se dividen a su vez en intervalos de tiempo más cortos conocidos como períodos.

LA DIVISIÓN DEL TIEMPO

La división en eras y períodos se basa en la formación de las rocas en el pasado, así como en los fósiles que contienen. Los cambios súbitos en los colores y clases de rocas y los nuevos tipos de fósiles señalan los límites.

ERA CENOZOICA (Vida reciente)	PERÍODO CUATERNARIO	**Holoceno (0,01–Actualidad)** *La mayor parte de la historia registra*
		Pleistoceno (2–0,01) *Aparición de los primeros humanos*
	PERÍODO TERCIARIO (65–2) *Auge de los mamíferos y las aves*	
ERA MESOZOICA (Vida media)	**PERÍODO CRETÁCICO (144–65)** *Último período de los dinosaurios*	
	PERÍODO JURÁSICO (206–144) *Los dinosaurios alcanzan su mayor tamaño*	
	PERÍODO TRIÁSICO (250–206) *Predominio de reptiles, primeros dinosaurio*	
ERA PALEOZOICA (Vida antigua)	**PERÍODO PÉRMICO (286–250)** *Reptiles semejantes a los mamíferos*	
	PERÍODO CARBONÍFERO (360–286) *Predominio de anfibios, primeros reptiles*	
	PERÍODO DEVÓNICO (408–360) *Los primeros anfibios pueblan tierra firme*	
	PERÍODO SILÚRICO (438–408) *Las plantas conquistan el medio terrestre*	

* Todas las cifras en millones de años

LA TIERRA PRIMITIVA

Nuestro planeta se formó hace alrededor de 4.600 millones de años. Al principio era hostil a la vida. Gigantescas tormentas vertían lluvias inacabables que iban acompañadas de colosales rayos centelleantes, y los volcanes en erupción vomitaban coladas de rocas incandescentes que arrasaban la superficie. Poco a poco, las condiciones se hicieron más estables y el ambiente se enfrió. Hace alrededor de 3.000 millones de años, los océanos fueron poblados por seres vivos microscópicos. La vida había aparecido e iniciaba sus primeros pasos.

CONTINENTES EN MOVIMIENTO

A lo largo de millones de años, los continentes –o masas terrestres del planeta– se han desplazado lentamente a la deriva por el globo. Durante el Período Triásico, momento de la aparición de los dinosaurios (1), los continentes estaban unidos en una única y enorme masa de tierra llamada Pangea.

Durante el Período Jurásico, esta masa de tierra comenzó a dividirse (2) y, en el Cretácico (3), el mapa de la Tierra comenzó a adquirir el aspecto que conocemos hoy (4). Estos cambios tuvieron gran efecto sobre los dinosaurios que poblaban las distintas zonas.

1
2
3
4

EL PERÍODO TRIÁSICO

Los primeros fósiles de dinosaurios aparecen en rocas datadas en el Triásico medio, hace unos 230 millones de años. El mundo era entonces muy distinto: el clima era más cálido y menos húmedo, y grandes regiones del planeta eran sabanas secas y desierto con plantas arbustivas resistentes y con menos árboles que hoy en día.

Las regiones centrales del vasto supercontinente del Triásico se hallaban alejadas del mar y ello dio lugar a la aparición de grandes desiertos, donde la fina capa de suelo era barrida y dispersada sobre áridas mesetas rocosas.

LA VIDA VEGETAL

Los árboles predominantes en el Período Triásico eran coníferas perennes, gingos y cicadales. (Hoy sólo sobrevive una especie de gingo, de hojas en forma de abanico.) El aspecto de las cicadales era similar al de palmeras achaparradas, con el tronco recto y la umbrela de frondes largas. Los terrenos más húmedos estaban cubiertos de helechos, colas de caballo y musgos.

LAS CARACTERÍSTICAS DEL TRIÁSICO

Durante el Triásico, existieron varias direcciones en la evolución. Los primeros dinosaurios –como el diminuto Eoraptor o el Herrerasaurus, de mayor tamaño– eran carnívoros. Aparecieron los prosaurópodos herbívoros, de cabeza pequeña, cuello largo y cuerpo rechoncho.

Los prosaurópodos aumentaron rápidamente de tamaño, hasta alcanzar una tonelada o más, y fueron capaces de llegar a las copas de los árboles situadas a tres o cuatro metros de altura. Los primeros pterosaurios surcaban los cielos.

En el mundo del Triásico no existían las zonas climáticas que hoy conocemos. Los polos no tenían casquetes polares; de hecho, Pangea se hallaba en el Polo Norte, y el Polo Sur era océano abierto. Las temperaturas oscilaban entre cálidas y templadas, y la lluvia era escasa.

EL MAPA DEL TRIÁSICO

Todos los continentes estaban agrupados formando una única masa de tierra, Pangea, rodeada por un enorme océano, Pantalasa. No obstante, en este periodo el mar de Tetis comenzó a dividir Pangea en dos.

Pantalasa

PANGEA

Mar de Tetis

En los valles, fluían ríos pequeños durante la estación de lluvias, pero sus lechos permanecían secos durante el resto del año.

LOS ANIMALES DEL TRIÁSICO

Además de los primeros dinosaurios, numerosas especies de reptiles prosperaron durante el Triásico, entre ellas encontramos a los rincosaurios –herbívoros del tamaño de un cerdo– y a los cinodontes –fieros y de aspecto canino–. Los primeros cocodrilos desembarcaron en tierra firme y las tortugas nadaban en lagos y mares. También se desarrollaron los primeros mamíferos, diminutos y con aspecto de roedor.

Cuando el Triásico dio paso al Jurásico, hace unos 200 millones de años, el clima empezó a cambiar. Las temperaturas globales iniciaron un descenso, aunque aún eran calurosas si se comparan con las actuales. Las precipitaciones aumentaron, extendiendo la exuberancia propia de las zonas húmedas a numerosas regiones que hasta entonces habían sido secas. Los dinosaurios comenzaron a aumentar de tamaño.

La separación de los continentes acercó numerosas regiones al mar, donde vientos húmedos pudieron conducir la lluvia a tierra firme. Las abundantes precipitaciones y un calor menos intenso facilitaron la extensión de los bosques desde los valles hacia las amplias mesetas.

LA VIDA VEGETAL

A medida que el Jurásico avanzaba, la vida vegetal se extendió hasta cubrir antiguas regiones desérticas. Los árboles dominantes eran coníferas emparentadas con las modernas secuoyas, pinos y araucarias, así como cicadales y altos helechos arborescentes. La vegetación baja incluía hepáticas y musgos, y sobre todo licopodios, helechos y colas de caballo.

LAS CARACTERÍSTICAS DEL JURÁSICO

La expansión de la vegetación en forma de grandes árboles y de vegetación baja puso a disposición de los dinosaurios herbívoros alimento en abundancia. Los dinosaurios de mayor tamaño, los inmensos saurópodos, alcanzaron su mayor talla durante el Jurásico superior, alzando sus cabezas a muchos metros de altura para pastar. Cuando estos titanes eran perseguidos por los grandes dinosaurios depredadores, como Allosaurus, emprendían una huida atronadora. Los estegosaurios fueron otro grupo común. En el aire, los pterosaurios también evolucionaron hasta adquirir un mayor tamaño.

En las llanuras surgieron enormes pantanos y ciénagas, similares a los "bosques de carbón" del Período Carbonífero, 150 millones de años atrás. El clima era muy similar en todo el globo: las largas estaciones lluviosas templadas se veían interrumpidas sólo raramente por breves períodos secos, que menguaban levemente el caudal de ríos y lagos.

EL MAPA DEL JURÁSICO

Pangea se dividió en dos grandes masas de tierra. Gondwana, en el sur, incluía a las actuales Sudamérica, África, Australia, India y Antártida. Los restantes continentes presentes conformaban Laurasia, en el norte.

L A U R A S I A

Mar de Tetis

G O N D W A N A

La abundancia de ríos y lagos propició la multiplicación de los peces, que pasaron a ser el alimento principal de algunos dinosaurios.

LOS ANIMALES DEL JURÁSICO

Al inicio del Jurásico, los reptiles semejantes a los mamíferos abundaban en tierra firme, pero los dinosaurios no tardaron en aparecer en forma de lagartos y pequeños dinosaurios, como Compsognathus. Otras muchas criaturas prosperaron –insectos, gusanos, caracoles y arañas–, del mismo modo que lo habían hecho antes y que lo harían después de los dinosaurios. También aparecieron las primeras aves.

EL PERÍODO CRETÁCICO

El Cretácico, 80 millones de años atrás, fue el período más largo de la Era Mesozoica y el testigo del inicio de las zonas climáticas que conocemos hoy, más frías hacia los polos y más cálidas hacia el ecuador, donde comenzaron a formarse las selvas tropicales.

El Cretácico fue uno de los períodos más activos de la historia de la Tierra en lo referente a la formación de montañas. De los volcanes fluían lava y vapor, y la deriva de los continentes provocó enormes arrugas y pliegues en la capa rocosa exterior del planeta, la corteza.

LA VIDA VEGETAL

Durante el Cretácico medio, se produjo un gran cambio en la vegetación: aparecieron las plantas con flor, las predecesoras de las gramíneas, las flores y los árboles de hoja plana que hoy dominan el mundo. Las primeras especies de árboles con flor fueron los magnolios, los arces, los robles y los nogales, que ocuparon zonas antes pobladas por las coníferas.

LAS CARACTERÍSTICAS DEL CRETÁCICO

Los dinosaurios del Cretácico adquirieron una mayor diversidad al evolucionar a partir de grupos aislados en los continentes escindidos. A los ornitópodos como Iguanodon siguieron los hadrosaurios, o dinosaurios con pico de pato. También aparecieron los anquilosaurios acorazados y tras ellos los cornudos ceratópsidos como Triceratops.

Otros grupos del Cretácico superior incluían los dinosaurios-avestruz y los paquicefalosáuridos, de cabeza gruesa. Los carnívoros estaban dominados por el enorme Tyrannosaurus. A pesar de esta amplia variedad, su fin estaba próximo.

Las estaciones comenzaron a diferenciarse durante el Cretácico. En los trópicos se inició una alternancia de períodos secos y húmedos. Aunque el clima fue cálido en general, las precipitaciones fueron inferiores a las del Jurásico, así que los bosques perdieron espesura. Los veranos y los inviernos empezaron a sucederse en las regiones alejadas del ecuador.

EL MAPA DEL CRETÁCICO

Las dos masas de tierra de Laurasia y Gondwana se fragmentaron en los continentes que hoy conocemos. El océano Atlántico se abrió a medida que las Américas se alejaban de Europa y África.

Norteamérica
Europa
Asia
Sudamérica
África
India
Australia
Antártida

LOS ANIMALES DEL CRETÁCICO

Además de la gran diversidad de dinosaurios, otros reptiles prosperaron en esta época: tortugas, cocodrilos, lagartos y las primeras serpientes. Las aves también se diversificaron, pero compartieron los cielos con los mayores animales alados de la historia de la Tierra, pterosaurios gigantes como Quetzalcoatlus. Los mamíferos en términos generales eran aún criaturas pequeñas que pasaban desapercibidas.

Mares poco profundos cubrieron gran parte de lo que hoy es tierra firme facilitando la expansión de los peces y los moluscos.

LOS ESQUELETOS DE LOS DINOSAURIOS

La mayoría de los restos fósiles de los dinosaurios corresponden a sus huesos. Sólo en casos excepcionales se halla un esqueleto completo articulado, es decir, con los huesos fósiles encajados entre sí, como en vida. El esqueleto de un dinosaurio típico es similar al de otros reptiles, como los cocodrilos, y otros animales tetrápodos, desde los anfibios a los mamíferos. Sin embargo, los dinosaurios presentan unas características óseas únicas y distintivas, sobre todo en las mandíbulas, el cráneo, la pelvis y las extremidades traseras. Los huesos de la pelvis resultan especialmente importantes, ya que dividen a los dinosaurios en dos grupos: los ornitisquios y los saurisquios (ver págs. 234-235).

LOS HUESOS DE LA CADERA

La pelvis (o cadera) se compone de tres pares de huesos individuales. En los saurisquios, los huesos pélvicos apuntan hacia delante y hacia abajo; en los ornitisquios, hacia atrás.

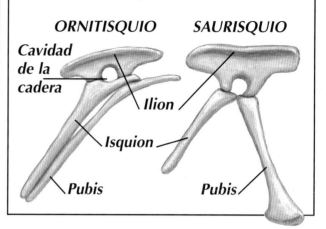

ORNITISQUIO **SAURISQUIO**

Cavidad de la cadera — Ilion — Isquion — Pubis — Pubis

LA POSTURA DE LOS DINOSAURIOS

Stegoceras era un ornitisquio o dinosaurio con "pelvis de ave". Al igual que en todos los dinosaurios, sus extremidades traseras surgían en posición erecta bajo el cuerpo. Los miembros traseros de los otros reptiles se extienden a los lados del cuerpo y luego, a partir de la rodilla, se dirigen al suelo.

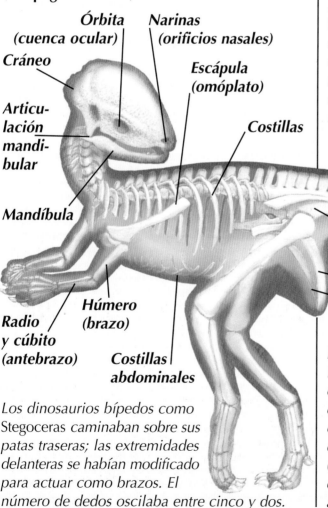

Órbita (cuenca ocular) — Narinas (orificios nasales) — Cráneo — Escápula (omóplato) — Articulación mandibular — Costillas — Mandíbula — Radio y cúbito (antebrazo) — Húmero (brazo) — Costillas abdominales — Tendones tensores — Vértebras caudales (huesos de la cola) — Ilion — Isquion — Pubis — Pelvis (cadera)

Los dinosaurios bípedos como Stegoceras caminaban sobre sus patas traseras; las extremidades delanteras se habían modificado para actuar como brazos. El número de dedos oscilaba entre cinco y dos.

EL ESQUELETO DE STEGOCERAS

Este dinosaurio de casco es conocido por un esqueleto parcial y numerosos restos craneales. La estructura de los huesos principales del cráneo, la columna vertebral y las extremidades responde a la disposición habitual en todos los animales tetrápodos (incluido el hombre). Como en la mayoría de los dinosaurios, las partes desaparecidas se "completan" a partir de hallazgos o restos de dinosaurios similares.

HUESO FOSILIZADO

En algunos huesos fosilizados muy bien conservados, puede observarse la estructura interna con gran detalle, lo cual ofrece pistas sobre si el dinosaurio era de sangre fría o de sangre caliente. Los dinosaurios del tipo de los raptores poseían una estructura ósea interna más similar a la de los mamíferos actuales, que son de sangre caliente, que a la de los reptiles actuales, que son de sangre fría.

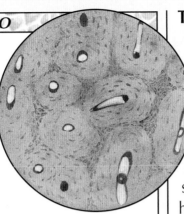

TIPOS DE ARTICULACIONES

Al igual que todos los dinosaurios carnívoros, Deinonychus era un dinosaurio saurisquio o con "pelvis de lagarto". La forma en detalle de los extremos de los huesos, donde éstos se encontraban con la articulación, revela si ésta era flexible o rígida. Los tendones osificados de refuerzo de la cola demuestran que las articulaciones eran muy rígidas.

TENDONES

Los tendones son los extremos robustos y fibrosos de los músculos que se encuentran donde éstos se estrechan para anclarse al hueso. Al ser tejidos blandos, habitualmente desaparecen y no quedan fosilizados. Sin embargo, en algunas zonas muy ejercitadas se hacen rígidos y se osifican, endureciéndose con depósitos de hueso. Esto facilita su fosilización y también muestra que las articulaciones vecinas eran rígidas y no flexibles. Los tendones osificados presentes a lo largo de dos tercios de la cola de Deinonychus nos indican que sólo podía doblarla por la base.

El tamaño de la cavidad cerebral del cráneo da una idea general de la "inteligencia" del dinosaurio. La cavidad cerebral de Deinonychus era relativamente grande comparada con la de los dinosaurios herbívoros.

Vértebras cervicales (cuello)

Cavidad cerebral

Vértebras sacras (vértebras pélvicas)

Rótula

Tibia y peroné

Fémur (muslo)

EL ESQUELETO DE DEINONYCHUS

Durante la década de 1960 se descubrieron varios esqueletos fósiles de este dromeosaurio o raptor, lo que hizo de él una especie conocida. Las masas óseas de su cuerpo, como el cráneo, presentan aberturas, que en vida estaban rellenas de piel y músculo y ayudaban a ahorrar peso.

Metatarsianos (pie)

Garra falciforme del segundo dedo

Falange (hueso del dedo)

Articulación del tobillo

LOS MÚSCULOS Y LOS ÓRGANOS DE LOS DINOSAURIOS

Si los huesos, dientes y otras partes duras fosilizadas de los dinosaurios son raros, los restos conservados de las partes blandas son aún más escasos. Se conservan muestras de piel y, en ocasiones excepcionales, una película oleosa oscura en un estrato de roca puede mostrar el contorno de un órgano interno, como el estómago. No obstante, la mayor parte de las reconstrucciones de los músculos y los órganos internos blandos de los dinosaurios requieren un trabajo deductivo, en el que a menudo se emplean animales vivos como modelo –sobre todo los parientes más cercanos a los dinosaurios, los cocodrilos y las aves–. Las marcas que se encuentran en los huesos fosilizados ayudan a indicar los puntos de fijación de los músculos, y los orificios revelan los puntos de paso de los nervios.

EL CEREBRO

En casos excepcionales, el cráneo de un dinosaurio se ha conservado tan bien que subsiste la cavidad interior que albergaba el cerebro en vida. La forma detallada de la cavidad puede emplearse para hacer un molde interno, de material gomoso, que permite obtener la forma del cerebro.

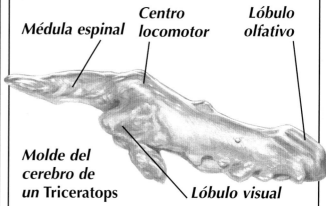

Médula espinal **Centro locomotor** **Lóbulo olfativo**

Molde del cerebro de un Triceratops **Lóbulo visual**

La disposición de los órganos internos es muy similar a la de los reptiles vivos, incluidos los cocodrilos, los lagartos y las tortugas. Éstos se toman como patrón básico para "organizar" el interior de los dinosaurios.

Cloaca (abertura reproductora) **Estómago musculoso (molleja)** **Intestino delgado** **Pulmón**

Riñón

Ciego (cámara de digestión secundaria)

Intestino grueso **Hígado** **Corazón**

EL SISTEMA DIGESTIVO

Los saurópodos herbívoros simplemente arrancaban y engullían el alimento entero. La comida era triturada en un estómago musculoso gigante, que tenía el tamaño de un pequeño automóvil.

CICATRICES MUSCULARES

Las cicatrices musculares no son lesiones que sanan, sino rasgos normales de la superficie de un hueso que señalan la zona de fijación de un músculo. Los puntos de inserción muscular que se han conservado en los huesos de los dinosaurios fosilizados aparecen en posiciones similares a las que ocupan en los huesos de los reptiles vivos.

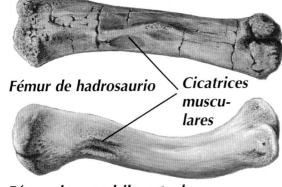

Fémur de hadrosaurio

Cicatrices musculares

Fémur de cocodrilo actual

LOS NOMBRES DE LOS MÚSCULOS

Muchos músculos reciben el nombre por su forma, como el deltoides ("triangular"), o por los huesos donde se fijan, como el femorotibial.

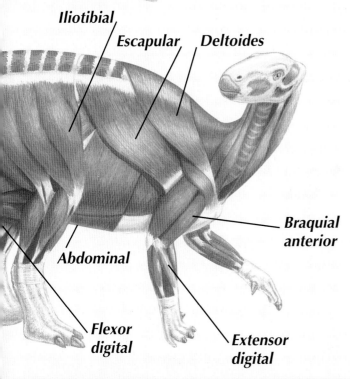

Iliotibial

Escapular   **Deltoides**

Braquial anterior

Abdominal

Flexor digital

Extensor digital

PISTAS SOBRE LOS MÚSCULOS

La mayoría de los huesos de los animales vivos poseen sobre ellos protuberancias, bordes, escotaduras y muescas ásperas llamadas "cicatrices", donde los músculos se unen para desplazar los huesos y el esqueleto en su conjunto y así facilitar el movimiento del animal. Estas "muescas" musculares aparecen en ocasiones en los huesos fosilizados y ofrecen información sobre qué músculos estaban más desarrollados en el dinosaurio y qué movimientos podía hacer con mayor fuerza y soltura. Algunos huesos fosilizados presentan signos de fracturas reparadas que el dinosaurio sufrió, pero a las que sobrevivió gracias a la capacidad de reparación del propio hueso.

LOS NOMBRES DE LOS DINOSAURIOS

Muchos dinosaurios se nombran a partir de características corporales distintivas.

Acro – extremo superior	Micro – pequeño
Allo – extraño	Odon(t) – diente
Alti – alto	Ophthalmo – ojo
Brachio – brazo	Ornitho – pájaro
Brachy – corto	Pachy – grueso
Cera – cuerno	Physis – cuerpo
Cheirus – mano	Plateo – plano
Coelo – hueco	Pod, pus, pes – pie
Compso – bonito	Poly – muchos
Corytho – casco	Ptero – alado
Derm – piel	Quadri – cuatro
Di – dos	Raptor – ladrón
Diplo – doble	Rhino – nariz
Echino – espinoso	Salto – saltar
Elaphro – ligero	Saurus – lagarto, reptil
Hetero – diferente	Stego – cubierto
Hypsi – alto	Thero – bestia
Lepto – delgado	Tops – cabeza, rostro
Lopho – borde, cresta	Tri – tres
Mega – enorme	Tyranno – tirano
	Veloci – rápido

EL ÁRBOL GENEALÓGICO DE LOS DINOSAURIOS

A lo largo de la Era de los dinosaurios es posible observar cómo un grupo cambió y evolucionó y dio lugar a otro grupo, y así sucesivamente. El trazado de los parentescos entre los diversos grupos da lugar a un esquema evolutivo o "árbol genealógico", donde los diversos grupos principales se ramifican dando lugar a otros grupos más pequeños o familias.

CERATÓPSIDOS
Ceratópsidos
Protoceratópsidos
Psittacosáuridos

"Rostros con cuernos"

Styracosaurus

Dryosaurus

PAQUICEFALOSAURIOS
Paquicefalosáuridos
Homalocefálidos
Chaoyangosáuridos

"Cabezas gruesas"

Goyocephale

ORNITÓPODOS
Lambeosáuridos
Hadrosáuridos
Iguanodóntidos
Camptosáuridos
Driosáuridos
Hipsilofodóntidos
Heterodontosáuridos

"Pies de ave"

ESTEGOSAURIOS
Estegosáuridos
Huayango-
sáuridos

"Lagartos techados"

Kentrosaurus

ANQUILOSAURIOS
(Escelidosáuridos)
Anquilosáuridos
Nodosáuridos

"Lagartos rígidos"

ORNITISQUIOS

Todos los dinosaurios de esta página (paneles coloreados en verde) pertenecen al orden o grupo principal de los ornitisquios, los dinosaurios con "pelvis de ave", ya que todos poseen la misma estructura de pelvis (ver página 230). Por lo que se conoce hasta el día de hoy, todos los ornitisquios son herbívoros. Muchos eran cuadrúpedos que se desplazaban sobre sus cuatro extremidades. En este diagrama, cada panel representa un suborden, y cada suborden contiene una o más familias de dinosaurios, cuyos nombres finalizan en -idos. (Sólo se muestran las principales familias.)

Euoplocephalus

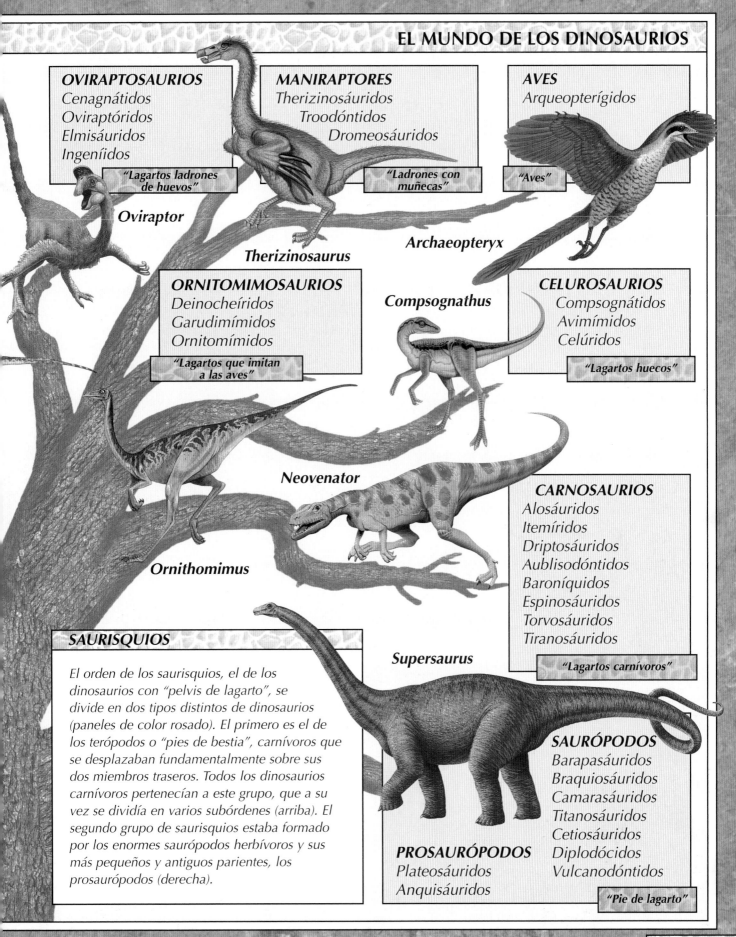

OVIRAPTOSAURIOS
Cenagnátidos
Oviraptóridos
Elmisáuridos
Ingeníidos

"Lagartos ladrones de huevos"

Oviraptor

MANIRAPTORES
Therizinosáuridos
Troodóntidos
Dromeosáuridos

"Ladrones con muñecas"

Therizinosaurus

AVES
Arqueopterígidos

"Aves"

Archaeopteryx

ORNITOMIMOSAURIOS
Deinocheíridos
Garudimímidos
Ornitomímidos

"Lagartos que imitan a las aves"

Compsognathus

CELUROSAURIOS
Compsognátidos
Avimímidos
Celúridos

"Lagartos huecos"

Neovenator

Ornithomimus

CARNOSAURIOS
Alosáuridos
Itemíridos
Driptosáuridos
Aublisodóntidos
Baroníquidos
Espinosáuridos
Torvosáuridos
Tiranosáuridos

"Lagartos carnívoros"

Supersaurus

SAURISQUIOS

El orden de los saurisquios, el de los dinosaurios con "pelvis de lagarto", se divide en dos tipos distintos de dinosaurios (paneles de color rosado). El primero es el de los terópodos o "pies de bestia", carnívoros que se desplazaban fundamentalmente sobre sus dos miembros traseros. Todos los dinosaurios carnívoros pertenecían a este grupo, que a su vez se dividía en varios subórdenes (arriba). El segundo grupo de saurisquios estaba formado por los enormes saurópodos herbívoros y sus más pequeños y antiguos parientes, los prosaurópodos (derecha).

SAURÓPODOS
Barapasáuridos
Braquiosáuridos
Camarasáuridos
Titanosáuridos
Cetiosáuridos
Diplodócidos
Vulcanodóntidos

PROSAURÓPODOS
Plateosáuridos
Anquisáuridos

"Pie de lagarto"

CÓMO SE FORMARON LOS FÓSILES

Los fósiles son restos de seres vivos que murieron en el pasado remoto, quedaron atrapados en las rocas y sufrieron un proceso de petrificación. Así, un "hueso" de dinosaurio no es en realidad un hueso, sino una roca sólida. La mayoría de los dinosaurios y de los restantes seres vivos no dieron lugar a fósiles, y gran parte de los fósiles que una vez se formaron han sido destruidos por los procesos geológicos naturales. Esto hace que los fósiles sean hallazgos raros y valiosos.

¿QUÉ SERES SE FOSILIZARON?

Además de los dinosaurios, muchos otros seres vivos han dejado fósiles: insectos y otros animales, plantas e incluso bacterias. Las partes más duras –huesos, dientes, cuernos, garras, conchas, corteza, madera, semillas y piñas– perduran más tiempo y tienen más posibilidades de conservarse. Las criaturas acuáticas, como los moluscos ammonites, podían quedar cubiertas por el lodo y fosilizar con más facilidad que los animales terrestres.

DE HUESO A PIEDRA

La fosilización depende de toda una serie de procesos poco frecuentes. El ser vivo en cuestión, un dinosaurio por ejemplo, no debe ser devorado totalmente por los carroñeros ni sufrir una descomposición total. Los restos deben quedar cubiertos de sedimentos, de partículas de pequeño tamaño como lodo, cieno o arena. A continuación, estas partículas deben ser aplastadas y cementadas por minerales y transformarse en roca sólida, lo que atrapará y conservará los restos.

Cráneo de Heterodontosaurus

Ammonite

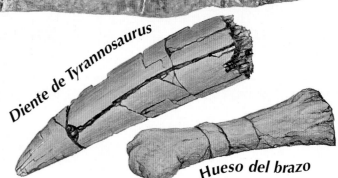

Diente de Tyrannosaurus

Hueso del brazo

FÓSILES DE MOLDES Y VACIADOS

En los fósiles a partir de moldes, una parte del cuerpo queda enterrada en sedimentos, que forman una roca alrededor de él. A continuación, esta parte del cuerpo se fragmenta progresivamente o se disuelve y deja su forma en la roca circundante. En los fósiles a partir de vaciados, la cavidad dejada por el organismo es rellenada por sustancias minerales y agua, que dan lugar a una nueva roca en el hueco con la forma de la parte original.

Un dinosaurio muerto es arrastrado por el río.

Con el paso de los años, los huesos quedan cubiertos por capas de sedimento que se transforman en rocas.

La composición química de los huesos cambia y se transforman en rocas: fosilizan.

La roca se erosiona gradualmente, y los huesos fosilizados quedan al descubierto.

Huevo fósil

Coprolito

Huella

Piel fósil

RASTROS FÓSILES

Los restos conservados que indican la presencia o la actividad de un animal se conocen como rastros fósiles. Éstos incluyen las cáscaras de los huevos, los nidos, las madrigueras, las huellas, las marcas de sus garras, las señales del arrastre de la cola, las piedras estomacales (gastrolitos) e incluso las heces –llamadas coprolitos–. Los coprolitos han perdido el olor y la consistencia blanda al petrificarse; pueden fragmentarse para estudiar su contenido, por ejemplo restos de hueso o semillas duras, y saber así qué comía el dinosaurio.

UNA CONSERVACIÓN PERFECTA

El ámbar es una sustancia de tonalidad amarillenta empleada habitualmente en joyería. Es la resina fosilizada de un árbol prehistórico similar a un pino, secretada por la corteza del árbol para protegerse de los daños causados por los insectos chupadores de savia o las enfermedades. En algunos casos, la espesa resina atrapó animales pequeños como moscas, abejas o ácaros, e incluso ranas o ratones. La lenta fosilización permitió conservar todos los detalles de los animales atrapados.

FÓSILES VERDADEROS

Los fósiles de partes del cuerpo, o incluso de los cuerpos íntegros, son los auténticos fósiles. La piel de los dinosaurios es uno de los fósiles verdaderos más raros. En casos aún más excepcionales, un dinosaurio pudo sufrir una desecación gradual en un medio árido y no descomponerse, un proceso conocido como momificación.

LA HISTORIA DE LA BÚSQUEDA DE LOS DINOSAURIOS

Desde los albores de nuestra historia, el hombre ha hallado enormes dientes y huesos fósiles y se ha formulado preguntas sobre las bestias a quienes pertenecieron. Hace unos 1.700 años, Chang Qu escribió sobre los "huesos de dragón" hallados en Wucheng, China; sin duda, restos de dinosaurios. En el siglo XIX, la colección naturalista se convirtió en una actividad de moda en Europa, y los fósiles fueron incluidos en las exposiciones. Muchas personas creían que los fósiles eran restos de seres que desaparecieron a raíz del Diluvio Universal descrito en la Biblia, sin embargo, algunos científicos deseaban obtener una explicación más objetiva.

ANNING Y OWEN

A fin de proporcionar fósiles para las exposiciones, algunas personas hicieron de la búsqueda de fósiles un modo de vida. A partir de la década de 1820, Mary Anning recogió restos de las rocas del Jurásico de la costa sur de Inglaterra, donde halló numerosos y magníficos fósiles, sobre todo de reptiles marinos.

Richard Owen era un eminente zoólogo especializado en el estudio de las semejanzas entre los distintos grupos de animales, la llamada anatomía comparada. Owen llegó a ostentar el cargo de director del Museo de Historia Natural de Londres.

NOMBRANDO A LOS DINOSAURIOS

En la década de 1820, Gideon Mantell, médico de cabecera y entusiasta rastreador de fósiles del sur de Inglaterra, halló dientes y huesos que creyó pertenecientes a un lagarto gigante extinguido, al que en 1825 bautizó con el nombre de *Iguanodon*. Un año antes, otro experto conocedor de rocas y fósiles, William Buckland, había descrito el hueso de la mandíbula y los dientes de otro enorme reptil extinguido, al que llamó *Megalosaurus*.

En 1833, Mantell estudió partes del esqueleto de otro reptil antediluviano enorme, *Hylacosaurus*. Hacia 1841, el naturalista Richard Owen fue el primero en reconocer que estos animales no eran lagartos, sino que representaban a un grupo distinto de reptiles de una época pasada y del que no había supervivientes. Al año siguiente, ideó el nombre del grupo que ha perdurado hasta hoy, dinosaurios, "lagartos terribles".

MARSH Y COPE

Los hallazgos de dinosaurios norteamericanos fueron impulsados en una primera etapa por dos coleccionistas, Othniel Charles Marsh (izquierda) y Edward Drinker Cope (derecha). Desde 1877 y durante 20 años se convirtieron en enconados rivales en la carrera por encontrar y nombrar dinosaurios. Esta contienda dio como fruto el descubrimiento de más de 130 especies, la mayoría de ellas en las tierras baldías rocosas del Medio Oeste norteamericano.

POR TODAS PARTES

Aquellos dinosaurios misteriosos, enormes y feroces cautivaron rápidamente la imaginación del público. La búsqueda de fósiles se extendió por toda Europa, después –durante la década de 1860– por Norteamérica y, finalmente, llegó a África en la década de 1900 y a China a partir de los años veinte. Desde 1970, Sudamérica y Australia han sido fuente de hallazgos sorprendentes.

Marsh y Cope lidiaron su lucha durante los días del Salvaje Oeste norteamericano. Los equipos de ambos buscadores se espiaban mutuamente, saboteaban los suministros, asaltaban los campamentos, destrozaban los hallazgos e incluso depositaban fósiles falsos para confundir al rival.

EN BUSCA DE DINOSAURIOS

La posibilidad de que un dinosaurio acabe convirtiéndose en fósil es menor de lo que se pueda imaginar, al igual que la probabilidad de que alguien halle el fósil. En algunas regiones, las rocas del Mesozoico (la Era de los Dinosaurios) están expuestas en la superficie. Desprovistas de suelo o vegetación, y fracturadas y erosionadas por la acción del viento, el sol, la lluvia y el hielo (o por las máquinas de minas y canteras), son lugares idóneos para excavar.

LOS HALLAZGOS CONTINÚAN...

En todo el mundo, continúan haciéndose nuevos y emocionantes descubrimientos de fósiles de dinosaurios, más grandes, más pesados, más fieros o más antiguos. El paleontólogo norteamericano Paul Sereno ha propuesto una clasificación nueva de los dinosaurios y ha descubierto especies muy antiguas e interesantes tales como Eoraptor *y* Herrerasaurus.

LA BÚSQUEDA DEL LUGAR

Un guijarro de forma extraña hallado en una playa o un fragmento de hueso o de diente sobresaliente en un precipicio avisan de la existencia de fósiles. Los expertos visitan entonces el lugar para evaluar la edad de los restos y determinar si se trata de un buen lugar para iniciar una excavación.

Numerosos yacimientos de fósiles se encuentran en regiones baldías rocosas muy remotas. Las condiciones son duras, con un sol abrasador durante el día y vientos gélidos por la noche. La excavación es un proceso largo y fatigoso que requiere un gran cuidado y paciencia, y que puede resultar infructuoso.

HERRAMIENTAS Y TÉCNICAS

Los instrumentos necesarios para excavar fósiles pueden incluir, en una primera fase, explosivos o una gran excavadora mecánica para retirar las toneladas de suelo y piedras que puedan cubrir las rocas donde se encuentran los fósiles. El siguiente paso requeriría grandes picos, palas, martillos y escoplos para retirar los bloques de piedra más pequeños. Cuando el fósil sale a la luz, se emplean instrumentos de mano –como leznas y paletas– para retirar los restos con mayor cuidado y no dañar o arrancar partes del espécimen. En las fases finales, las más delicadas, se emplean herramientas todavía más pequeñas, como punzones y cepillos.

PRINCIPALES YACIMIENTOS FÓSILES

Los fósiles de dinosaurios se han descubierto en todos los continentes, incluso en la Antártida, y muchos de los lugares han sido declarados parques protegidos o incluso Patrimonio de la Humanidad.

1. **Dinosaur Provincial Park, Alberta, Canadá**
2. **Dinosaur National Monument, Utah y Colorado, EE.UU.**
3. **Cerro Rajada, Argentina**
4. **Provincia de Chubut, Argentina**
5. **Isla de Wight, Inglaterra**
6. **Solnhofen, Baviera, Alemania**
7. **Tendaguru, Tanzania**
8. **Desierto de Gobi, Mongolia y China**
9. **Provincia de Lufeng, China**
10. **Dinosaur Cove, Melbourne, Australia**

En cada etapa, los operarios hacen anotaciones, diagramas, mediciones, bocetos y fotografías. Cada pedazo de roca se etiqueta para su posterior estudio en el laboratorio. Los especímenes frágiles se envuelven en escayola para reforzarlos y protegerlos.

LA EXPOSICIÓN DE LOS DINOSAURIOS

Los fósiles de dinosaurios se muestran en museos y exposiciones de todo el mundo. Los ejemplares expuestos suelen ser los mejor conservados y más completos de las especies más famosas y atractivas. Aún más espectaculares son las reproducciones de ejemplares a escala real que se mueven o emiten rugidos para impresionar a los visitantes. La realización de estas reconstrucciones requiere un arduo trabajo.

LIMPIEZA

Por limpieza de un fósil se entiende su tratamiento y conservación. La roca circundante, llamada matriz, es eliminada –con frecuencia bajo un microscopio– para poner al descubierto marcas diminutas de los fósiles, como rasguños o mordiscos. La roca se elimina mediante taladros, fresas, escoplos y picos diminutos similares a los empleados por los dentistas. Algunas rocas pueden ser tratadas con productos químicos como ácidos para dejar al descubierto el fósil.

Los dinosaurios automatizados controlados por ordenador atraen a las multitudes en las exposiciones actuales. El esqueleto básico se conoce a partir de fósiles, pero la piel y la apariencia son fruto del trabajo deductivo.

EN EL LABORATORIO

Después de realizar la excavación en campo abierto, los fósiles son conducidos al laboratorio para llevar a cabo el arduo y lento trabajo de limpieza. Este proceso incluye a todos los fósiles que puedan encontrarse junto con los restos del dinosaurio y permite descubrir otros animales que convivieron con él –pájaros, insectos, etc.– y que, por ejemplo, pudieron ser presa de un dinosaurio carnívoro. También nos revela las plantas del entorno y cuál era el alimento de los dinosaurios herbívoros. Éste es el modo de reconstruir el mundo viviente de la época, ciencia conocida como paleoecología.

FRAGMENTOS COPIADOS

La mayoría de los esqueletos de dinosaurio están incompletos, de modo que hemos de emplear fragmentos de otros restos de especies similares de dinosaurios para "reemplazar" las partes desaparecidas. Los fósiles limpios forman la base de los modelos animados que se exponen. Los propios fósiles son copiados con frecuencia en materiales como fibra de vidrio, más ligera y más resistente que la roca.

EL MONTAJE

En un dinosaurio vivo, el esqueleto proporcionaba un soporte robusto para el cuerpo, pero sin los músculos se derrumbaría en un amasijo. Cuando se reconstruye un dinosaurio, se emplea una estructura de metal o plástico conocida como andamiaje para soportar el esqueleto. Lograr una postura correcta requiere destreza.

LISTOS PARA EXPONER

¿Permanecía un dinosaurio erguido, inclinado hacia delante o lo normal es que estuviera agachado? ¿Doblaba el cuello y la cola? Este tipo de preguntas son importantes para dar a un dinosaurio una postura que coincida con su realidad pasada. Incluso una vez finalizada la reconstrucción, nuevos descubrimientos pueden aportar información novedosa y obligar a reiniciar la reconstrucción.

LAS INTERIORIDADES DE LAS ROCAS Y LOS FÓSILES

Los escáneres médicos revelan las interioridades del cuerpo, y las penetrantes ondas de radar atraviesan la materia sólida para revelar sus secretos. Estos avanzados métodos de imagen también se emplean con los fósiles, ya que pueden mostrarnos si una roca alberga un fósil completo y bien conservado en su interior y, en caso afirmativo, si su limpieza exigirá semanas o meses de trabajo. Algunos fósiles están formados por roca que se desintegra con facilidad, y las técnicas de imagen son las únicas que permiten saber qué contienen. La TC y la RMN pueden "ver" incluso las crías de dinosaurios fosilizadas en el interior de los huevos.

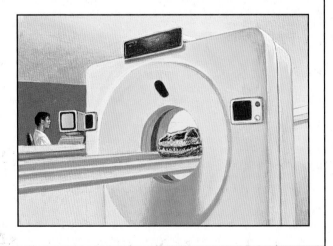

A lo largo de la historia de la Tierra, se han producido varias extinciones masivas, acontecimientos en los que desaparecieron numerosas especies de seres vivos. Hace alrededor de 65 millones de años, se produjo una de estas extinciones en masa, que afectó a los dinosaurios y ocasionó la desaparición de todos ellos.

NO SÓLO DINOSAURIOS

Además de los dinosaurios, desaparecieron otros animales como los pterosaurios alados y los mosasaurios y plesiosaurios marinos. De igual modo, se extinguieron numerosas especies de moluscos y plantas.

¿CUÁNTO DURAN?

Las extinciones masivas son habitualmente episodios repentinos, que a lo sumo duran miles y no millones de años. La extinción de finales del Cretácico, la que afectó a los dinosaurios, pudo tener lugar en 100.000 años o quizás incluso en sólo una hora.

Antes de ella –y desde alrededor de 70 millones de años atrás–, los dinosaurios ya sufrían al parecer un declive en algunas regiones. Los fósiles nos muestran que su número y su diversidad disminuyeron, pero debido al carácter fragmentado e inconexo del registro fósil resulta difícil saber si esta situación fue común a todo el globo.

EL IMPACTO DE UN ASTEROIDE

Según la teoría del asteroide, un fragmento gigante de roca vagaba por el espacio y la Tierra se interpuso en su camino. Los fragmentos de roca espaciales, llamados meteoritos y asteroides, son muy abundantes. El asteroide que impactó contra la Tierra hace 65 millones de años pudo tener un diámetro de 10 km y viajar a 60 km/s. El choque debió de levantar enormes nubes de polvo, vapor y agua y ocasionar terremotos y maremotos gigantescos.

1 El asteroide se vaporiza tras el impacto

2 La onda de choque se extiende en horas

3 Se desata el invierno provocado por el asteroide

LA TEORÍA DEL ASTEROIDE

Una de las teorías más aceptadas sobre la extinción de los dinosaurios habla del impacto de un fragmento de roca espacial gigantesco contra la Tierra. El choque levantó enormes nubes de polvo y restos a la atmósfera, que fueron extendidas por el viento. Los cielos se oscurecieron durante días, quizás años, impidiendo la llegada de la luz y el calor del Sol a la superficie terrestre. La penumbra desatada por este "invierno" creado por el asteroide acabó exterminando a la vegetación. Sin alimento, los herbívoros murieron de hambre y los carnívoros corrieron la misma suerte. (Más teorías en la página siguiente.)

Un enorme cráter achatado llamado Chicxulub, hallado bajo el lodo del lecho marino de la costa de México, pudo ser el lugar del impacto del asteroide.

La gigantesca e imparable onda expansiva del impacto arrasó la Tierra y destruyó todo a su paso.

PRUEBAS QUE AVALAN LA TEORÍA DEL ASTEROIDE

Varias pruebas científicas respaldan la teoría del asteroide. Cerca de México, se ha encontrado un enorme cráter datado aproximadamente en la misma época de la extinción (arriba). Otra prueba es la existencia de una delgada capa de roca formada al final del Cretácico, antes del inicio del Cenozoico. Conocida como el estrato límite K-T, esta capa contiene cantidades inusuales de iridio, un metal muy raro en la Tierra y más abundante en los asteroides.

LA EXTINCIÓN DE LOS DINOSAURIOS 2

RAYOS INVISIBLES PROVENIENTES DEL ESPACIO

Cuando una estrella gigante llega al final de su vida, puede explotar dando lugar a una bola de fuego cósmica llamada supernova. La explosión emite rayos y radiación a la velocidad de la luz. Quizás, hace 65 millones de años se produjo la explosión de una supernova cercana en el espacio. La radiación dañina inundó la Tierra y aniquiló a aquellos animales que no podían ocultarse, como las grandes criaturas terrestres y los seres marinos próximos a la superficie del océano. Esta idea concuerda con el tipo de animales que desaparecieron durante la extinción masiva.

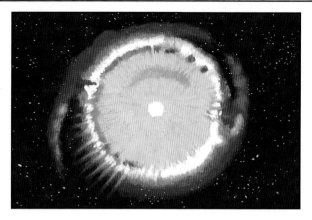

Una manada de Triceratops marcha a través de un bosque nevado buscando en vano un lugar más cálido. El cambio del clima trajo consigo un enfriamiento global, al que las aves y los mamíferos de sangre caliente pudieron sobrevivir.

Además de la teoría del asteroide (ver página anterior), existen al menos 20 teorías más que intentan explicar la extinción de los dinosaurios. Algunas son realmente improbables, por ejemplo ¡que los extraterrestres llegaron a la Tierra y los exterminaron a todos!

ENFERMEDADES

Otra posibilidad es que algunos seres vivos fueran víctimas de una nueva enfermedad mortal. Este trastorno sólo habría afectado a algunos grupos de reptiles, entre los que estarían los dinosaurios, y no a otros grupos que habrían sobrevivido, como las tortugas, los cocodrilos, las serpientes y los lagartos.

EL PROBLEMA DE LOS SUPERVIVIENTES

La teoría de la enfermedad no explica por qué los moluscos marinos y algunas plantas también desaparecieron en la extinción masiva, un problema que se plantea generalmente. Muchas otras teorías no pueden explicar de forma razonable por qué algunos grupos sobrevivieron y otros no. Al parecer, todos los animales terrestres mayores que una oveja actual perecieron, lo que incluye a los dinosaurios, así como a la mayor parte de la vida de la superficie de los océanos.

MUERTE POR ASFIXIA

Otra teoría relaciona la extinción masiva con la aparición de prolongadas erupciones volcánicas a gran escala, que lanzarían gases asfixiantes venenosos y oscurecerían los cielos con el polvo. Existen ciertos indicios que avalan esta idea. Las mesetas de Deccan forman una vasta región de rocas volcánicas que se extiende al sur de la India actual. Parte de estas mesetas se remontan a fines del Período Cretácico. Las erupciones que crearon esta región pudieron ser desencadenadas por desplazamientos de masas de rocas y la deriva de los continentes (¡o por el impacto de un asteroide!).

EL REMATE FINAL

Muchas teorías consideran el aumento de las poblaciones de pequeños mamíferos, que se alimentarían de los huevos de los dinosaurios, o bien un gran cambio de la vegetación y la aparición de nuevas plantas que los herbívoros no podrían digerir. Sin embargo, es posible que ninguna de estas razones explique por sí sola la extinción de los dinosaurios. Quizás el cambio de clima y las erupciones volcánicas iniciaron su declive y el impacto del asteroide supuso el remate final.

CAMBIO CLIMÁTICO

Otra teoría implica a la deriva de los continentes (ver página 223). Este fenómeno habría alterado las corrientes marinas y la circulación de los vientos, desencadenando terremotos y erupciones volcánicas y causando un rápido cambio del clima global, que llevó a los dinosaurios a morir congelados.

DESPUÉS DE LOS DINOSAURIOS

Las rocas de edades inferiores a los 65 millones de años no muestran fósiles de dinosaurios en ninguna región del mundo, pero sí de otro grupo animal, los mamíferos. Este grupo pasó a dominar pronto el Período Terciario (hace entre 65-2 millones de años), del mismo modo que los dinosaurios lo habían hecho 160 millones de años atrás.

UN ORIGEN REMOTO

Los mamíferos no aparecieron de forma repentina después de la extinción de los dinosaurios; habían aparecido de forma simultánea a ellos, durante el Triásico medio, hace unos 220 millones de años. No obstante, durante la Era de los Dinosaurios fueron escasos, pequeños y con aspecto de musaraña –ninguno mayor que un gato–.

LA CONQUISTA DE LOS MAMÍFEROS

Hace unos 60 millones de años, los mamíferos comenzaron a extenderse a través de los continentes. Rápidamente se transformaron o evolucionaron en numerosas formas y tamaños. Cincuenta millones de años atrás, los primeros murciélagos conquistaron el aire, mientras otros –como las ballenas primitivas– iban al mar. En tierra firme, la evolución de los mamíferos dio lugar a feroces depredadores, a grandes herbívoros como los rinocerontes y los elefantes, y a rumiantes rápidos y veloces como los ciervos y los camellos. Hace unos 25 millones de años, apareció un nuevo grupo de plantas, las gramíneas. Diversos tipos de mamíferos evolucionaron para alimentarse de ella, incluidos los caballos. Mientras, los primates permanecían en los árboles.

LA ÚLTIMA CONQUISTA

La Era de los Mamíferos, el Terciario, dio paso a la Era de los humanos. El grupo humano comenzó su evolución en África hace alrededor de cuatro millones de años. Un tipo de simio, Australopithecus, comenzó a desplazarse erecto sobre sus dos miembros traseros. Posteriormente, otra especie, el Homo habilis, comenzó a fabricar y a manipular herramientas y armas con las manos, y a emplear su cerebro voluminoso para pensar en cómo sobrevivir. Varias especies de humanos han aparecido y se han extinguido, y hoy sólo sobrevive la nuestra, el Homo sapiens.

Coryphodon

Phenacodus

Hyracotherium

Cocodrilo

NO TODOS SOBREVIVEN

No todos los grupos de mamíferos que han existido sobreviven en la actualidad. Los creodontes eran temibles carnívoros –similares a perros, gatos y hienas– que aparecieron hace 60 millones de años y que desaparecieron por completo hace 7 millones de años, reemplazados por nuestros carnívoros actuales. En realidad, la evolución continúa y los responsables de las extinciones actuales somos nosotros.

El Terciario fue testigo de la aparición y desaparición de numerosos mamíferos extraños, desde gigantescos rinocerontes multicornes hasta primitivos caballos enanos. Diversos reptiles siguieron viviendo y han perdurado hasta hoy.

¿DINOSAURIOS EN TODAS PARTES?

Al igual que los mamíferos, las aves fueron pequeñas y escasas durante la Era de los Dinosaurios, pero rápidamente prosperaron y se diversificaron durante el Terciario. Muchos expertos creen actualmente que las aves evolucionaron a partir de los dinosaurios, hace más de 150 millones de años. Si ello fuera cierto, ¿podrían considerarse como miembros de un grupo de dinosaurios dotado de plumas en lugar de escamas? ¡Esto significaría que tenemos "dinosaurios" volando en nuestros cielos y cantando en nuestros árboles!

Hyaenodon

Uintatherium

Smilodectes

Metacheiromys

GLOSARIO

Anápsido Reptil cuyo cráneo no posee ninguna abertura detrás del ojo, como por ejemplo las tortugas.

Anfibio Animal vertebrado y tetrápodo que pone huevos en el agua, como por ejemplo la rana. En la etapa larvaria (joven) vive en el agua y durante la etapa adulta vive en el agua y en tierra firme.

Anquilosaurio Dinosaurio acorazado cubierto de placas, protuberancias y espinas óseas.

Aserrado De muescas triangulares como las de una sierra. Los dientes de los terópodos tenían filos aserrados.

Batería dental Nombre que designa un conjunto de dientes unidos entre sí y que forman una superficie cortadora o moledora.

Bípedo Animal que permanece en pie, camina o corre sobre las dos patas traseras.

Carnívoro Animal que se alimenta de carne.

Carroñero Animal que se alimenta de la carne de las víctimas de otros animales.

Ceratópsido Dinosaurio herbívoro de gran tamaño que se caracteriza por poseer cuernos apuntados y una gola cervical ósea que nace de la parte posterior de su cráneo.

Cicadales Grupo de plantas sin flor dotadas de un tronco grueso y hojas con aspecto de palmas. Son parientes de las coníferas actuales.

Cola de caballo Planta dotada de un tallo erecto y hojas diminutas, emparentada con los helechos.

Conífera Árbol o arbusto que produce piñas, como el abeto o el pino.

Coprolito Excrementos fosilizados de un animal.

Cuadrúpedo Animal que permanece en pie, camina o corre a cuatro patas.

Depredador Animal que captura y devora a otros animales (presas).

Diápsido Reptil cuyo cráneo posee dos aberturas a cada lado, como por ejemplo el lagarto.

Dinosaurio Reptil que adopta una postura erguida en lugar de la postura arrellanada típica de los lagartos.

Embrión Las primeras etapas del desarrollo de una planta o un animal.

Escudo Placa ósea incrustada en la piel de un dinosaurio.

Estegosaurio Dinosaurio herbívoro de gran tamaño dotado de hileras de placas óseas triangulares en el lomo y espinas en la cola.

Evolución Proceso por el cual una planta o animal sufren cambios en el transcurso del tiempo.

Extinción Desaparición de una especie de animales o vegetales.

Familia Grupo de animales o de plantas que tienen un parentesco entre sí.

Fósil Restos o indicios de un ser vivo del pasado. Los restos fósiles de los dinosaurios incluyen huesos y dientes, huellas, coprolitos, gastrolitos, huevos e impresiones de la piel.

Gastrolito Piedra hallada en el estómago de algunos dinosaurios herbívoros, que les ayudaba a triturar y digerir el alimento vegetal.

Gingo Árbol con aspecto de conífera, pero caducifolio. Hoy sobrevive únicamente una especie de gingo.

Gondwana Antiguo supercontinente meridional formado por África, Sudamérica, Australia, la Antártida y la India.

Gregario Animal que vive en grupo.

Hadrosaurio Dinosaurio herbívoro de gran tamaño dotado de un pico plano y ancho. También es conocido como dinosaurio con pico de pato.

Helecho Planta sin flor que posee hojas finamente divididas, llamadas frondes.

Herbívoro Animal que se alimenta exclusivamente de plantas.

Ictiosaurio Reptil marino con aspecto de delfín.

Iguanodonte Dinosaurio herbívoro dotado de pies traseros con garras unciformes y espinas en las manos en lugar de pulgares.

Invertebrado Animal que carece de columna vertebral.

Laurasia Antiguo supercontinente septentrional formado por Norteamérica, Europa y Asia.

Mamífero Animal de sangre caliente, cubierto de pelo y que amamanta a sus crías.

Molares Dientes empleados para masticar situados detrás de los caninos o los incisivos o detrás del pico, sobre todo de los herbívoros.

Omnívoro Animal que se alimenta de animales y plantas.

Orden Grupo de animales o de plantas que pertenecen a varias familias emparentadas entre sí. Los dinosaurios se dividen en dos órdenes: los ornitisquios y los saurisquios.

Ornitisquio Uno de los dos órdenes de dinosaurios, formado por los dinosaurios herbívoros con "pelvis de ave", como los anquilosaurios, los ceratópsidos y los estegosaurios.

Ornitomímido Dinosaurio carnívoro y veloz dotado de patas esbeltas y un cuello largo, similar a un avestruz actual.

Ornitópodo Grupo de herbívoros bípedos, algunos de los cuales tenían crestas en la cabeza.

Pangea Masa de tierra única o supercontinente del Período Pérmico, que se dividió durante el Triásico. Pangea significa "toda la tierra".

Paquicefalosaurio Herbívoro bípedo dotado de un cráneo muy grueso.

Piscívoro Animal que se alimenta de peces.

Plesiosaurio Reptil marino de cuello largo.

Presa Animal que es víctima de un depredador.

Reptil Animal de sangre fría dotado de escamas y columna, que generalmente pone huevos en tierra firme.

"(De) sangre caliente" Término común que designa a los animales que pueden controlar la temperatura de su cuerpo, por ejemplo los mamíferos y las aves.

"(De) sangre fría" Término común que designa a los animales que obtienen todo o gran parte del calor de su cuerpo de fuentes externas, habitualmente del Sol.

Saurisquio Uno de los dos órdenes de dinosaurios. Dinosaurios con "cadera de lagarto", entre los que encontramos a los terópodos y a los saurópodos.

Saurópodo Herbívoro cuadrúpedo de gran tamaño, de cuello y cola largos.

Sinápsido Reptil semejante a un mamífero cuyo cráneo presenta una abertura a cada lado.

Tecodonte Reptil voluminoso y pesado que se desplazaba reptando sobre sus cuatro patas. Los tecodontes fueron probablemente los antepasados de los dinosaurios.

Terópodo Dinosaurio carnívoro bípedo, como por ejemplo *Allosaurus* o *Tyrannosaurus*.

Vertebrado Animal dotado de columna vertebral.

Vértebras Conjunto de huesos que forman la columna vertebral.

ÍNDICE ONOMÁSTICO

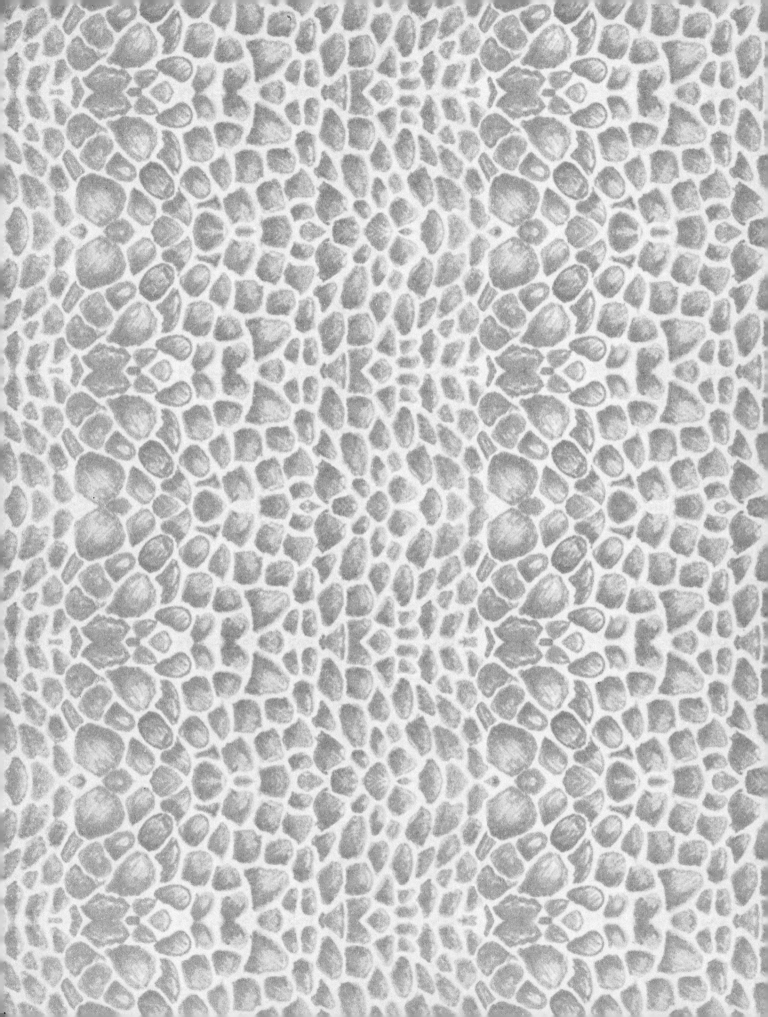